発達保障ってなに？

丸山啓史・河合隆平・品川文雄

全障研出版部

発達保障とはどういうことか？

丸山　啓史

1　「発達」とは？

（1）「ヨコへの発達」という視点

「子どもたちに豊かな発達を」「障害のある人の発達保障を」というとき、私たちは何を実現しようとしているのでしょうか。発達保障について考えるとき、大切になるのが「発達」のイメージです。そもそも「発達」とはどういうことなのでしょうか。

通常、「発達」という言葉は、人間が質的に新しい能力を獲得していくときに使われることが多いと思います。「ハイハイしていた子どもがうまく歩けるようになった」「話す単語の種類が大きく増えた」「スプーンでなく箸を使って食事ができるようになった」「ひらがなを理解して書くようになった」「作業の段取りを自分で立てられるようになった」といったときに、子どもの「発達」を感じることがあるかもしれません。それらのことは、確かに人間の「発達」を示すものであることが多いでしょう。しかし、発達保障が語られるなかでは、より高度な能力を獲得していくことにとどまらない、もっと幅広い「発達」のイメージがつくられてきました。

そのイメージを理解する鍵になるのが、「ヨコへの発達」です。能力の高度化という「タテへの発達」に対して、能力を発揮できる幅が広がることについて「ヨコへの発達」ということがいわれてきました。

茂木俊彦氏は、「能力のレベルは同じままだが、それを使う場面や相手がちがっても発揮できるようになったという変化があれば、この変化もまた『発達』と見るべきだと考えられてきました」と説明しています。[1]「親には自分のほしい物を伝えられていた子どもが、保育士に対しても要求できるようになる」「特定の教師がいっしょなら給食を食べられていた子どもが、別の教師とでも給食を食べるようになる」といったことが、「ヨコへの発達」に当たるでしょう。いわゆる発達段階が進むということがなかったとしても、「ヨコへの発達」は無限にあり得るといえます。

このような「ヨコへの発達」によって、それまでに獲得した力や「タテへの発達」がさらに活かされるとも考えられます。たとえば、基本的な調理の技能を身につけることは、料理のレパートリーが増えることで、実際の食生活の充実につながるでしょう。また、言葉の力も、家族との間だけでなく、グループホームなどでも発揮できたほうが、本人の生活が心地よいもの

1　茂木俊彦『発達保障を学ぶ』全障研出版部、２００４年。

になるはずです。「気後れや自信のなさから黙ってしまうことの多かった人が、自分からグループホームの職員に話しかけるようになる」「一度言って相手に伝わらないとあきらめていた人が、あの手この手で粘り強く伝えようとするようになる」といった変化は、貴重な「発達」だといえるでしょう。

大切なのは、能力の高度化という側面だけで「発達」を考えないということです。何が「タテ」で何が「ヨコ」なのかを厳密に区別することや、「ヨコへの発達」という概念について細部にわたり議論することは、それほど重要なことではないでしょう。人間が自らの自由度を高め、生活を豊かにしていくための力を、より広い視野でとらえることが肝心です。

(2) 人格が豊かになること

発達保障を考えるときの「発達」の内容は、能力の向上や拡大だけではありません。様々な力の獲得と無関係ではありませんが、気持ちの育ちや価値意識の深まりなど、人格が豊かになることも、「発達」の大切な内容として考えられてきました。

障害のある子どもの放課後活動を例にみても、日々の遊びや生活のなかでの気持ちの育ちが注目されていることがわかります。[2] ある指導員は、「太鼓の活動を始めた当初は離れて背を向けていた子が、三年目の舞台発表では最前列で叩く姿を見せた」ことを語っています。ここで指導員が喜んでいるのは、子どもが太鼓のスキルを身につけたことではないはずです。ほかの子どもと同じようにできたという形式的なことでもないでしょう。その子どもに自信が生まれ

2　全国放課後連編『障害のある子どもの放課後活動ハンドブック』かもがわ出版、2011年。

たことや、仲間のなかでの安心感が育ったことを、共感的に喜んでいるのではないでしょうか。また、別の指導員は、「スケジュールにとらわれがちだった子どもが、帰ってホットケーキづくりをするか公園でもっと遊ぶか迷った」ことを記しています。子どもが自分なりに考えて悩む姿が「とてもうれしかった」というのです。予定通りに行動できることではなく、気持ちの柔軟さのようなものが大事にされているといえるでしょう。

こうした人格的な側面は、どちらかといえば年齢の高い人の「発達」を考えるときに、重要性が大きくなるかもしれません。[3] 共同作業所づくりの取り組みのなかでは、「働くなかでたくましく」ということが言われてきましたが、これも人格的な「発達」に重点を置く言葉だといえるのではないでしょうか。「草刈り作業を喜んでくれる人のために、しんどいけれどもがんばろう」という姿勢や、「失敗してしまったけど、もう一度やってみよう」と思える強さなどが、「たくましさ」と表現されるのだと思います。また、「これは難しいから手伝って」と頼めることと、「体調が悪いので今日は仕事を休もう」と判断ができることも、一つの「たくささましさ」かもしれません。そして、「仲間とおしゃべりをしながら楽しく袋詰めをするようになる」「自分が織った布の手触りを満足そうに確かめ、作品を人に見せるようになる」といった姿は、人への関わり方や仕事への構えの充実を示しているように思えます。

このような人格的な豊かさに目を向けるということは、人間の内面を考えるということでもあります。目に見えるスキルの獲得や向上ばかりが目標にされると、本人の気持ちや思いが軽視されていく可能性があるでしょう。一定の時間内に目標数の器を作れたかどうかといったこ

3　年齢の高い人について、新しい力の獲得が追求されなくてよいということではありません。また、人格形成の側面は子どもの発達を考えるときにも極めて重要です。

とが評価され、作業のなかで本人が何を考えたのか、仲間と楽しく取り組めたのか、達成感はあるのかといったことが見落とされるかもしれません。人間の内面をとらえようとすることに、私たちは意識的になりたいと思います。

もっとも、能力の獲得と人格の形成とが、まったく別々に進むわけではありません。自分の力の伸びを実感したり、何かを達成したりするなかで、自信が育つということがあるはずです。また、自分の仕事の意義を知り、自分の役割を認識できることが、誇りや責任感につながるかもしれません。力の獲得と人格の形成とは、統一的に考えられる必要があります。

（3）生活・人生の幅の広がり

人間の「発達」とは、その人が自分らしい価値ある生活をつくっていく自由度が高まることだともいえるでしょう。そうした自由度に着目するものとして、経済学者のアマルティア・センらによって提起されてきた「ケイパビリティ」の考え方があります。健康に暮らせるか、親しい人と食事を楽しめるか、スポーツクラブに参加できるか、温泉巡りができるか、快適な布団で眠れるかなど、人が生きることに関わる無数の面での自由度について、「ケイパビリティ」という表現が用いられるのです。[4] そして、発達保障をめぐる近年の議論のなかでは、この「ケイパビリティ」という観点に関心が向けられることがあります。[5]

人が様々な力をつけ、「発達」を実現することは、生活・人生の幅を広げ、「ケイパビリティ」を大きくすることにつながるといえるでしょう。たとえば、電車やバスの乗り方を覚えたり、

4　スポーツをしなければいけない、温泉巡りをしなければいけないといったことではありません。「できる」という自由度が重視されているといえます。

5　荒川智「障害者の人権と発達をめぐる理論的課題」荒川智・越野和之・全障研研究推進委員会編『障害者の人権と発達』全障研出版部、２００７年、など。

迷ったときに道を尋ねられるようになったりすることで、より自由に出かけられるようになります。電話やメールで連絡をとったり、スケジュール調整をしたりできるようになることも、人間関係の自由度を高めます。ただし、交通機関の利用方法を身につけても、交通費が十分になければ外出の自由度は低くなりますし、行きたい場所が見つからなければ生活の幅はあまり広がりません。また、人と関わる力を高めても、仲間と集う場がなく、会いたくなるような友人をつくる機会が少なければ、人間関係の幅は狭くなるかもしれません。

一方で、個人の力がそれほど変化しない場合でも、「ケイパビリティ」を広げることはできます。切符の買い方がわからなくても、同行して援助する人がいれば、行きたいところへ行くことができます。言葉でのコミュニケーションがうまくできなくても、その人を受けとめる障害者青年学級のような場が地域にあれば、すてきな仲間を見つけられるかもしれません。個人が力をつけることを軽視してよいわけではありませんが、バリアフリーの状況、社会的支援のあり方、まわりの人の関わり方など、社会のあり方を考えていくことが同時に求められるのです。その両方の重要性に目を向けさせるのが「ケイパビリティ」の視点だといえるでしょう。

発達保障を考えるうえでも、同じように、生活・人生の幅の広がりとの関係で「発達」をとらえることが必要です。本人の生活・人生の充実という観点に立つことで、最も重視されるべき「発達」の内容がみえてくることがあります。同時に、社会的支援を整えるなどして、さらなる「発達」の土台になるような生活を実現するという視点も欠かせません。[6] 生活リズムの安定が心身の成長を促すということもあるでしょうし、生活のなかで伝えたい経験が積み重なる

6　保育・療育・教育の場においてのみ「発達」が実現するのではありません。子どもも大人も、生活全体を通して「発達」していきます。だからこそ、あらゆる領域に共通して、発達保障が基本理念になるのです。

なかで伝える力が伸びるということもあるでしょう。

そして、生活・人生の幅の広がりという点では、「知ること」「わかること」や、様々な文化との出会いも大切です。障害児者の教育や支援においては、日常生活のなかで必要なスキルや、実用的に役に立つことに関心が集まる場合があります。しかし、「いろいろな動物のことをよく知っている」「世界中の料理のことに詳しい」「日食や月食の仕組みがわかる」といったことにも意味はあるはずです。知らなくても生活はできますし、わかったからといって急に生活が変わるわけではないかもしれませんが、「知ること」「わかること」によって生活・人生は豊かになります。また、「カメラに詳しくなり、写真を撮るのを趣味にしている」「ラテンアメリカ音楽が好きで、よく聴いている」「卓球が得意で、週末に仲間と楽しんでいる」といったことにも、「余暇を過ごすスキル」にとどまらない価値があるのではないでしょうか。生活・人生と「発達」との関係について、広い視野で考えたいと思います。

(4) 魅力的な経験の価値

生活・人生の豊かさとの関係では、「ドキドキしながら、手にもったエサをウマにあげた」「修学旅行の夜、布団に入って友だちとおしゃべりした」「あの日のサッカーで、自分の出したパスからシュートが決まった」「初めての給料で弟とラーメンを食べた」「入院したら、好きな人がお見舞いに来てくれた」といった経験の価値を改めて確認したいと思います。そうした経験はそれ自体が魅力的ですし、印象深い経験に支えられて生きるということが人にはあり得ます。

様々な力がふくらむ、気持ちが育つ、生活の幅が広がるということは重要ですが、そのような「変化」ばかりが直接的に追い求められると、日々の生活や実践が窮屈なものになってしまうかもしれません。

近年は、社会全体として、あらゆることに「変化」という形で目標や成果を求めようとする風潮が強まっています。乳幼児の遊びやおもちゃについてさえ、「楽しい」「おもしろい」ということ以上に、「脳の活性化につながる」「コミュニケーション能力が育つ」といったことが売り文句にされます。学校や施設においても、「個別の指導計画」や「個別支援計画」の強調と結びつきながら、「目に見える成果」を求めようとする流れが強まっています。本人の生活・人生の豊かさにつながるような「変化」は大事ですが、客観的に評価できる特定の力を伸ばすことだけが重視されると、生活の幅がとても狭いものになるでしょう。「自信がつく」「人との関わりに柔軟さが生まれる」「表情が明るくなる」といった、客観的に明確な目標を立てるのが難しいことへの関心が薄れるかもしれません。

気持ちの育ちのような「目に見えにくい成果」の意味を確かめることはもちろん、「変化」ばかりを評価しようとする発想を根本的に問い直す必要があるのではないでしょうか。私たち自身のなかにも、「変化」を生まない、生産的でない時間を過ごすことへの不安や恐怖があるように思います。「変化」につながる、何か意味のあることをしていなければ、時間を無駄にしているように感じるのです。そのような意識や感覚の背景には、競争的な環境のなかで「成長」「発展」や「効果」「成果」を求める社会状況があるのでしょう。[7]

7　英国で『怠け者』誌の編集長を務めてきたホジキンソン氏は、そのような社会に疑問を投げかけ、「何もしないこと」「怠けること」のすばらしさを語っています。トム・ホジキンソン『怠けの哲学』ヴィレッジブックス、2006年。

仲間と心地よい時間を過ごすこと、「楽しい」「おもしろい」と感じられる活動をすること、思い出に残るような魅力的な経験をすることが、それ自体として生活・人生の豊かさにつながるという視点を大切にしたいと思います。[8] ただし、それは、いつも活発に楽しい活動をしているべきだということではありません。畳の上でごろごろしながらセミの鳴き声を聞いている時間があってもいいでしょう。こたつに足を突っ込んで、たわいない話をしてもいいのだと思います。きらきら光る池を見て立ち止まることもあるでしょうし、教室の窓から雲をぼんやり眺めていてもいいのかもしれません。ぶらぶらしたり、くつろいだりすることも、生活・人生の一部なのです。

魅力的な経験が散りばめられた生活を送るなかで、人は様々な力をつけ、人格を豊かにしていくことでしょう。魅力的な経験は、「発達」の源になります。充実した生活をつくることと、「発達」をめざすことは、とても近いことだと思います。しかし、たとえば花火を楽しむことで伸びる力があるとしても、日常生活においては、何かを学ぶために花火をするわけではないでしょう。「あのとき、あの子と、花火をした。きれいだった、楽しかった」という経験そのものの価値を認めたいものです。

発達保障がめざす「発達」は、生活・人生の豊かさと結び合わされた「発達」なのです。

8　増山均氏は、スペインの教育や子育てに関する研究のなかから、「アニマシオン」という概念を紹介しています。スペインでは、「教え・学ぶ」という教育（エデュカシオン）と並んで、「イキイキ・ワクワクともに楽しむ」というアニマシオンが大切にされているといいます。増山均『アニマシオンが子どもを育てる』旬報社、2000年。

2　発達保障と権利

（1）本人の権利としての発達

一人ひとりが自らの力をふくらませ、人格を豊かにすることは、本来、人間の基本的な権利だといえます。発達保障をめぐっても、権利として発達をとらえる視点が大切にされてきました。

発達を権利としてみるとき、その権利の主体は当然その人自身です。私たちが発達を追求するのは、本人の生活・人生が豊かなものになることを願うからです。しかし、現実には、この当たり前のことが必ずしも当たり前になっていない面があります。たとえば、近年においても、社会保障費を抑制するという政策的観点から、一般就労への移行に向けた支援が重視されたり、学校教育においては「キャリア教育」が強調されたりしています。本人の要求からではなく、誰かほかの人の都合から、障害のある本人に「変化」を求める発想が、そこにはあるのです。もちろん、施設や学校の現場で障害児者に関わる人の大半は、障害のある本人がよりよく働き暮らせることを願っていることでしょう。社会保障費を抑えるためにがんばっているという人はほとんどいないと思います。それでも、実践が制度・政策から完全に自由でいられるわけではありません。気をつけていなければ、歪んだ制度・政策が実践に大きく影響するでしょう。

一般就労こそ「自立と社会参加」とするような雰囲気のなかでは、就職への挑戦に無理に追い立てられ、苦しい思いをする人が増えることになるかもしれません。また、学校教育についていえば、幅広い力の獲得や人格形成が後まわしにされていくかもしれません。

発達保障の考え方は、本人が豊かに発達していくことそのものを大切にします。障害児者を企業に都合のいい「人材」にしていくことをめざすものではありません。まわりに迷惑をかけない人間を育てようということでもありません。他者に頼らずに生活できるようになることを求めるわけでもありませんし、ましてや行政に頼らないことを目標にするわけではありません。ほかの人に頼らなくなることを発達というのではなく、まわりに迷惑をかけないようになることが発達なのでもありません。[9]

いわゆる「問題行動」について考えるときも、こうした視点は大事になるでしょう。ほかの子どもに噛みつく子どもや、乱暴な言葉を浴びせる子どもがいたとして、まわりにとっての「問題」をなくそうとすることが、本人にとっての「問題」の解決につながるとは限りません。また、まわりのために「問題行動」を抑え込むことばかりが考えられてはなりません。最近では「困った子は困っている子」という表現がしばしばみられるようになりましたが、本人自身が困っている「問題」を探る姿勢が求められます。

また、「問題行動」がなくなったり減ったりすることが即ち本人の発達だとはいえません。人間が発達することによって、まわりにとっての「問題」が増える場合もあります。重い知的障害のある人が自分の意思や意欲をふくらませることで、手を引かれるままに歩くことを嫌が

9　状況に応じて他者に頼りつつ、自分らしい生活をつくっていけるようになることを、「発達」や「自立」と呼ぶべきではないでしょうか。

るようになったり、冷蔵庫や棚の中の物に手を伸ばすようになったりするといったことがあるでしょう。そして、本人にとっての「問題」についても、人と関わりたい気持ちが強くなることで、うまく関われないもどかしさや、仲間との衝突は増えるかもしれません。

発達保障をめぐっては、「問題行動を発達要求としてとらえる」といったことがいわれてきました。子どもが噛みつく理由を考えたり、暴言の背景にある事情に思いを巡らせたりすることの大切さを表現したものといえるでしょう。「問題」の表面に目を奪われるのでなく、「問題」を通してみえてくる本人の要求を理解し、本人の活動や生活の充実を考えることが重要です。発達を権利としてとらえるということは、本人の立場から発達を考えるということでもあるでしょう。

（2）平等な権利としての発達

人間としての豊かな発達を権利として考えるならば、その権利はすべての人に平等に保障されなければなりません。具体的な発達のあり様は一人ひとり異なりますが、最大限の発達を実現していく権利を誰もがもっているのです。その権利をめぐって実際には様々な格差や制約が存在しているなか、ここでは三つの問題に触れたいと思います。

第一は、本人や家族の経済力に関わる問題です。２０００年代半ばから貧困問題が社会的注目を集めてきているように、日本社会の実態は「物質的・経済的には豊か」などといえるものではありません。健康的で文化的な食事ができない、出かけるための交通費がない、友だちづきあいや趣味のためのお金がない、家庭生活にゆとりがないといった状況が、人間の発達を阻害することは明らかです。障害児者による社会資源の活用についてみても、障害者自立支援法のもとで「応益負担」が大きな問題とされてきたように、経済的理由で施設に通うことをあきらめたり、支援の時間や日数を抑制したりする人が少なくありません。こうした問題に向き合い、発達の機会が経済的理由で損なわれることのないようにしていくことが求められるでしょう。

第二は、地域間・自治体間の格差に関わる問題です。現状では、活用できる社会的支援、通える施設が、居住している地域によって大きく左右されてしまいます。たとえば、療育のためには車で片道1時間ほどもかけて施設に通わなければならないという地域があります。ヘルパーによる支援についても、都市部とそうでないところとで事情が異なるといったことがあります。そうした状況に対応して、誰がどこに住んでいても基本的な権利が守られるようにしていくことが、国の本来の役割でしょう。それなのに、政策的には１９９０年代から「地方分権」や「地域主権」が盛んにいわれ、国としての責任が後退させられてきました。児童施設や障害者施設に関する最低基準についても、自治体まかせにしてしまう流れになっています。この流れを押し戻しながら、住んでいる地域・自治体に関わらず発達の権利が保障されるようにしていかなければなりません。

第三に、障害の種類や程度に関わる問題です。障害児者をめぐる社会的支援は全体として不十分ですが、そのなかでも様々な「格差」や「谷間」があります。障害のある子どもの放課後活動を例にみても、医療的ケアを必要とする子どもを受けとめられるところが少ないという現状があります。また、まわりの子どもに手をだしてしまいがちな子どもや、障害が「重い」とされる子どもが、放課後活動施設に受け入れられない例がみられます。一方で、障害が「軽い」とされる子どもが放課後・休日に活用できる社会資源が少なく、生活と発達に軽くない困難が生じてしまうということがあります。このような「格差」や「谷間」を各方面で解消していく努力が必要です。多様な子ども、多様な人がいることを意識しながら、教育や社会保障の水準の全体としての向上を考えたいと思います。

現在の日本は、発達の権利が平等に保障される社会からは未だ遠いところにあります。その距離を近づけていくことが、私たちに求められる仕事だといえるでしょう。

(3) 人権としての発達

国際的にみれば、障害者権利条約が２００６年に国連総会で採択され、２００８年に発効しています。権利条約では、障害のある人が能力や人格を最大限に発達させられるよう、国が役割を果たすべきことが規定されています。このような到達点も確認しながら、人間の発達について、改めて人権という観点から考える必要があるのではないでしょうか。

近年の日本社会においては、人間の生活や発達を「自己責任」にしてしまおうとする流れが強まってきています。豊かな生活や発達を人権としては認めない流れです。その典型的な現れの一つが、マスメディアも加わっての生活保護への攻撃だといえるでしょう。餓死させられる人が出るほど、必要な人に生活保護が届かない現状であるにも関わらず、制度を良くする代わりに悪くすることが進められています。職業訓練を受けることを生活保護の条件とすることや、生活保護受給に期限を設けることは、人権の根幹ともいうべき生存権さえ否定しようとするものです。人が人間らしく自分らしく生きることへの責任を、国や自治体が放棄しようとしています。

社会福祉に関わっても、2000年に施行された介護保険制度をはじめ、近年の「子ども・子育て新システム」をめぐる動きにみられるように、行政の責任は後退させられています。障害児者に特に関係の深いところでは、支援費制度への移行（2003年）や障害者自立支援法の施行（2006年）があります。「措置から契約へ」の転換が進められるなかで、ヘルパーに来てもらいたかったり、「作業所」で働きたかったり、グループホームで暮らしたかったりすれば、それぞれが施設・事業所を見つけて直接契約をすることが原則となりました。通える施設が見つからなかったり、お金がなくて必要な支援が受けられなかったりしても、「残念ですね」「仕方ないですね」ですまされてしまうような制度です。人権を保障するという発想からは生まれない仕組みだといえます。

また、「措置から契約へ」という流れのなかでは、障害児者の教育・労働・生活に関わる社会的支援が、人権を保障するためのものというより、「ニーズ」を満たすための「サービス」として考えられるようになります。事業者は一定の枠のなかで「サービス」を用意し、障害児者・家族は「ニーズ」に応じてそれを利用する、という感覚が広がっていくでしょう。そうなれば、障害児者・家族・教師・職員などが互いに信頼関係を築き、いっしょになって必要なことを考え取り組んでいくという関係が失われかねません。そして、用意された「サービス」を得られない人や、用意された「サービス」では保障されない人権に、誰も責任をもたないということになりかねません。「ニーズ」「サービス」「利用」「提供」といった言葉にも警戒が必要です。私たちは、人間どうしの共感と信頼関係を基盤に、国や自治体の責任のもとで、人権保障の仕組みをつくりあげていかなければならないのではないでしょうか。

3　集団が育ち、社会が発達する

（1）発達と「環境」

発達が権利として保障されるためには、社会のあり方が重要になることがわかります。発達保障をめぐる議論のなかでも、個人の発達が考えられるだけでなく、集団や社会の発達が重視されてきました。

問題を個人のレベルにとどめない見方は、障害についての考え方の国際的な到達点にも通じるものだといえます。障害のとらえ方に関わって言及されることの多いＩＣＦ（国際生活機能分類）[10]では、「環境」との関係で障害を考えます。障害児者が社会参加・社会生活において経験する制約について、原因を個人としての障害児者に求めて終わりにしないということです。

10　ＷＨＯ（世界保健機関）が２００１年に発表したものであり、１９８０年に出されたＩＣＩＤＨ（国際障害分類）の改訂版です。

学校の授業を例にとれば、子どもが積極的に参加しないことに関して、子どもの意欲や集中力の低さを嘆くのではなく、教師による教材選びや授業展開のあり方を見つめ直してみるというような発想です。また、障害者の企業就労についていえば、職場において個別に必要な配慮・調整を進めることや、障害者雇用率の未達成を問うことなどを重視する考え方だといえるでしょう。

障害児者の発達を考えるうえでも、「環境」という視点は欠かせません。ここでいう「環境」には非常にたくさんのことが含まれますが、一例としては学校の条件整備も「環境」のあり方に関わることです。施設・設備が貧弱で、授業に使う物の購入も難しく、教職員が不足しがちといったなかでは、十分な教育活動は難しくなるでしょう。場合によっては、子どもの安全の確保さえ危うくなります。教師の多忙やゆとりのなさは子どものためにも望ましくない「環境」だといえますし、特別支援学校の過密化・過大化も解決が求められる「環境」です。また、就労施設についてみても、援助職員として働く人が安定して仕事を続けられないと、施設に通う障害のある人も落ち着かないことがあるでしょう。逆に、スポーツをしたり、音楽活動をしたり、ときどきは旅行に行くなど、自分らしい文化的な生活をもちながら職員がいきいきと働く姿は、まわりにとってもよい刺激になるはずです。

このように考えると、障害児者や家族と直接的に接することだけが発達保障の仕事だとはいえません。学校や施設の「環境」をより良くしようとすることも、発達保障の取り組みの一環だといえるでしょう。[11] 障害児者の発達と「環境」の改善とは切り離せないものなのです。

11 労働組合の活動への参加も、大切にされるべきことの一つです。

（2）集団と発達

障害児者をとりまく「環境」を視野に入れ、人間どうしの関係のなかで発達をとらえようとするとき、集団という視点が求められます。発達保障についても、子ども集団・人間集団のもつ意味が大切に考えられてきました。

一方で、特別支援教育や障害者支援の近年の動向をみると、「一人ひとりのニーズ」がいわれ、「個別の指導計画」や「個別支援計画」が重視されるように、「個別」ということが強調される傾向があります。もちろん、一人ひとりについて丁寧に考えることは必要ですし、それは集団を大切にすることと本来は矛盾しません。しかし、個別にみる視点ばかりが強くなると、人間どうしの関係や集団のあり方への関心が弱くなっていくことになりかねません。

集団のもつ意味を再認識したいと思います。人間は常に人との関係のなかで生きています。そして、人に愛されたい、人に認められたいという思いをもっています。また、人にあこがれる気持ちや、人のために何かしたいという気持ちもあるでしょう。そうした思いや気持ちは、人間が発達するなかで大きく育つものであるとともに、人間の発達を後押しするものでもあります。「あの子がしているから、自分もしてみたい」と意欲を高めることもあれば、「新しく入ったメンバーに、先輩らしいところをみせよう」と張りきることもあるでしょう。「年下の子どもにゆずってあげよう」という気持ちや、「リーダーとしてがんばろう」という姿勢は、実際の人間関係のなかでしか生まれないものではないでしょうか。人間どうしの関係のなか、集団のなかでこそ、個人の豊かな発達が達成されていくと考えられるのです。

同時に、発達保障をめぐっては、集団の発達が考えられてきました。集団のなかでの個人の発達だけでなく、集団自体の育ちに着目するのです。小学校の通常学級や学童保育における障害のある子どもの受けとめについて考えてみても、この視点の重要性は理解できるでしょう。障害のある子ども個人への関わり方だけでなく、子ども集団のあり方が問われる場面は多くあります。一人ひとりの子どもに安心感が生まれ、おおらかな雰囲気がつくられていくことによって、障害のある子どもが集団に参加する基盤が広がるでしょう。そして、そのような集団での活動を通して子どもたちが育ち、そのことが集団の新しい展開をもたらします。集団の育ちと個人の発達は、ともに絡み合いながら進むといえます。

なお、集団が育つことの大切さは、障害児者に関わって働く人についても同じです。学校でいえば、子どもたちの姿を語り合い、子どものために協同できる教職員集団の形成が重要になります。同僚の欠点よりは長所に目を向け、同僚とよい関係を築いていく姿勢が、教職員の専門性として求められるでしょう。非正規教員が増え、教員組織の階層化が進められるなかでは、立場の異なる人といっしょに教職員集団をつくっていく努力も必要になります。それと同じようなことが、他の職場や職種についてもいえるでしょう。自分が属する集団を育てることも、発達保障に関わる仕事の一部なのです。

(3) 社会の発達

社会のあり方を変えていくことも、発達保障をめざすうえで大切なことです。人間の発達にふさわしい社会がつくられていくなかで、一人ひとりの障害児者の発達が現実のものになるはずです。

このことは、これまでの道のりを振り返るとよくわかります。障害のある子どもについてみても、義務教育段階の学校に通うことも認められなかった時代には、発達していくチャンスさえほとんど用意してもらえない子どもが多くいました。張りあいの乏しい、閉ざされた生活のなかで力を奪われ、命を失うことになる子どもも少なくなかったのです。社会が成熟しないなかでは個人の発達の保障もあり得ないことを、悲しい形で示しているといえるでしょう。

１９７９年に養護学校義務制が実施され、ほぼすべての子どもが学校に通うようになった後も、放課後・休日の生活は寂しいものになりがちでした。障害のある子どもたちは、友だちと遊ぶ機会が少なく、テレビやビデオを見るなどして過ごすことが多くありました。夏休みには問題が特に深刻で、子どもがつけた力が秋までに後戻りしてしまうという指摘がされることもありました。そうした実態に対して放課後活動に取り組む団体・施設がつくられることで、障害のある子どもがより豊かに発達を実現していくための土台が少しずつ広がってきているのです。

学校づくりや施設づくりの取り組みがあって、子どもたちの生活と発達が支えられています。地域のなかに発達保障の拠点となる場をつくることや、それを支える制度をつくっていくことも、発達保障に関わる仕事の重要な部分ととらえることができるでしょう。

また、社会のあり方という点では、学校や施設の充実のほかにも、様々なことが課題になります。財布を気にせずにいつでも十分な医療が受けられる仕組みも求められるでしょう。それぞれの人に合った快適な居住の場も確保されなければなりません。障害のある人の就労をめぐる環境整備も重要です。また、出費を切り詰めなくても日常生活が送れて、ときどき「ぜいたく」ができるくらいの所得保障があってよいはずです。列挙すれば限りがありませんが、障害児者が自分らしい生活と発達を実現していくための社会的支援のあり方を考える必要があります。

さらに、障害児者や家族との関係に注目して、もっと広く社会を見つめ直すことも大切でしょう。たとえば、長時間労働や不安定雇用など、働き方をめぐる現代社会の問題は、当然のことながら障害のある子どもの家庭にも大きな負担を強いています。また、産業構造が変容するなかで、障害のある人がやりがいを感じながら取り組みやすい仕事が、日本社会から失われていっている側面があるのではないでしょうか。農業の将来についても、いわゆる経済効率の観点だけで議論すべきでないことはもちろんですが、障害のある人がそこで働く可能性との関係で考えてみてもよいのかもしれません。

そして、このように視野を広げるなら、現代社会において、戦争と平和をめぐる問題に目を向けないわけにはいきません。世界中で、戦争はこれまでにも多くの障害を生み出してきました。また、教育や社会保障を充実させるために使えるはずの多くの資源が、日本においても、戦争の遂行や戦争の準備のために費やされています。障害児者の生活と発達を最大限に保障していくことは、戦争を進めていくことと両立しません。戦争放棄を定めた日本国憲法九条を変えてしまおうという議論が2000年代から改めて強まっていますが、発達保障の立場からも、そうした動向に私たちは無関心でいられないのです。

障害児者が暮らしやすい社会をめざすことと、すべての人が暮らしやすい社会をめざすことは、基本的には同じことなのだと思います。発達保障とは、みんなが暮らしやすい社会をつくっていくことでもあるでしょう。

4　発達保障を進めるために

（1）発達保障を担う人の輪

社会の発達をふくむ発達保障のためには、それを担う人の輪が大切になります。そうした輪の一つとして、全国障害者問題研究会（全障研）は重要な役割を果たしてきました。

全障研が1967年に結成された当時は、就学猶予・免除により学校教育から締め出され、不就学を強いられる子どもが数多くいた時代でした。そのなかで、発達保障の考え方を発展させながら、要求運動団体としての障全協[12]といっしょになって、全障研は障害のある子どもの教育権保障に取り組み、養護学校義務制実施（1979年）を迎えます。

そして、全障研の活動や、発達保障の考え方は、共同作業所づくり運動にも結びついていきました。1977年の全国大会（愛知）においては、現在のきょうされん（旧称は共同作業所

12　障害者の生活と権利を守る全国連絡協議会。全障研と同じく1967年に結成されました。

全国連絡会）が結成されています。単に働いて工賃を得ることだけをめざすのではなく、働くなかでの発達を実現していくものとして、障害のある人の働く場づくりが進められたのです。

また、養護学校義務制実施の後には、「障害者の青年期教育全国研究集会」などを通して、高等部教育の充実を提起してきました。そして、それは特別支援学校等の専攻科における教育を求める動きに結びつき、近年では自立訓練事業の制度を活用して18歳以降の「学びの場」をつくる取り組みにつながっています。

一方、障害のある子どもの放課後保障の取り組みも、全障研とともに歩みを進めてきたといえます。全国大会の分科会を通して全国の関係者がつながりを深めてきたことを基盤として、２００４年の全国大会（長野）の際に「障害のある子どもの放課後保障全国連絡会（全国放課後連）」が発足しています。そして、全国放課後連による実態調査や要求運動が放課後等デイサービスの創設（２０１２年）を促し、放課後保障は新しい段階を迎えています。

全障研だけが発達保障を担うのではありませんが、障害児者・家族・関係者の要求に応え、それぞれの時代の課題に応じて発達保障を追求していく人の輪がなくてはならないといえるでしょう。

（２）幅広い仲間がいる学びの場

発達保障を担う人の輪は、その輪につながる人の発達を支えるものでもあります。発達保障をめざす取り組みのなかで、その人自身が発達していくのだと思います。障害児者の発達を考えても、発達保障の輪に加わる人が学び合い、自らの発達を実現していくことが望まれるでしょう。

そのような学び合いにとって、全障研のように幅広い仲間が集まる場は魅力的だといえます。障害種別、職種別、問題種別の団体や組織は多くありますが、それらの種別を越えて学ぶ場は多くないかもしれません。また、障害者・家族・教師・施設職員・研究者など、様々な関係者がいっしょに学べる場も貴重ではないでしょうか。「ライフサイクルを見通して」とか「関係者が連携して」ということが最近よく言われますが、そうしたことのためにも総合性をもった集まりには意義があります。発達保障を追求していくうえで、大きな視野を大切にしたいものです。

また、近年では、身近なところで話し合い、学び合う機会が、ますます重要になっているのではないでしょうか。社会全体として職場の厳しさが増し、生活にゆとりがなくなる傾向にあるなかで、安心して疑問を出し合える場、「ちょっといい話」を共有して喜べる場、構えずに自分の思いや考えを話せる場、日常から少しだけ離れて学べる場が、これまで以上に求められているように思います。

障害のある子どもたちの発達を願うなかから発達保障の言葉は生まれましたが、障害児者だけでなく、すべての人が権利の主体であり、発達の主体です。互いに学び合うなかで、私たち自身が豊かに発達し、集団として育っていきましょう。

（3）夢を描き、共有すること

過去と現在から学ぶことだけでなく、未来を展望することも、発達保障を進める力の源です。目の前の子どもにどのような発達を願っているでしょうか。取り組んでみたい実践はあるでしょうか。障害者が豊かに暮らすために必要な制度や社会資源は何でしょうか。私たちが望む生活や仕事はどのようなものでしょうか。この社会をどのように変える必要があるでしょうか。

日常が忙しいなかでは目の前のことで精一杯になりがちですし、社会状況が厳しいなかでは理想を語ることが無力に感じられるときもあります。それでも、夢を描くことが大切なのだと思います。共有された夢は、現実的な力になります。私たちの権利とは何か、私たちは何を求めているのか、私たちのめざすものを、ともに描いていきましょう。

発達保障はどのようにして生まれたのか?

河合　隆平

1　発達保障の歴史に学ぶ

障害のある人たち、かれらと共に生きようとする関係者のねがいと苦しみのなかから生まれた発達保障の考え方は、戦後の社会を通じて、人と人とのつながりのなかで豊かに広がり、実践や運動の拠りどころとなる権利思想として深められてきました。

私たちが発達保障を大切にし、それを発展させていく理由や課題を明らかにするためにも、「なぜ、発達保障でなければならなかったのか?」という歴史の必然性に学ぶことが不可欠です。歴史家E・H・カーは、「過去は、現在の光に照らして初めて私たちに理解出来る」、そして「過去の光に照らして初めて私たちは現在をよく理解することが出来る」、すなわち、歴史とは「現在と過去との間の尽きることを知らぬ対話」であると述べています。[1] 歴史を学ぶ意義は、過去

1　E・H・カー（清水幾太郎訳）『歴史とは何か』岩波新書、1962年。

の出来事を再現したり、先達の経験や努力を知るだけではなく、そのことを通して今を生きる私たちの立ち位置を確かめ、未来への展望を見出すことにこそあるのです。

発達保障の理念の直接的なルーツは、戦後に誕生した近江学園とびわこ学園の実践経験に求めることができます。本章では、それが一施設による理念や実践の提起を超えて、1960年代以降、高度成長の時代を生きる人たち、なかんずく障害のある人たちの生存と発達の権利を保障する理念として広がっていく過程を中心に、発達保障のあゆみを振り返ります。

同時代には、障害のある場合の不就学をなくし養護学校義務制実施を求める運動、自分らしく豊かに働ける場をつくろうという共同作業所運動などが展開され、先駆的な教育・保育、福祉の実践が各地で生み出されました。このような発達保障の大きなうねりのなかで、一人ひとりの要求を「みんなのねがい」として束ねてきた全障研運動の役割も明らかにしたいと思います。

2　近江学園の誕生と発達保障の芽生え

（1）近江学園の誕生と戦後民主主義への離陸

1945年8月、ヒロシマ、ナガサキへの原爆の連続投下という人類史上例のない悲惨な経験をした日本は、15年にわたるアジア・太平洋戦争にようやく終止符を打ちます。敗戦を迎えて、街には戦争によって親や家族を奪われた戦災孤児、浮浪児と呼ばれる子どもたちがあふれ、そのなかには知的障害のある子どもも多く混じっていました。身寄りのないかれらは、徒党を組んで盗みやかっぱらいをして日々の糧を得ざるをえません。しかし、敗戦後の混乱のなかで自分が生きることに精一杯な大人たちにとって、孤児たちは社会の不安材料でしかなく、警察による「浮浪児狩り」がなされていたのです。

ちょうどその頃、糸賀一雄、池田太郎、田村一二の3人は1946年11月、滋賀県大津市の瀬田川をのぞむ小高い丘に「近江学園」を開設し、戦災孤児や生活に困窮する子どもたちの受け入れを始めます。古い木造旅館を改修して建てられたこの小さな学園こそ、復興の邪魔者として社会から排除される子どもたちにとって「何ヨリモ温ク楽シイ、ソシテ腹ノクチクナル家庭」（近江学園要覧）となることをめざし、かれらが共に育ち合う姿に平和と民主主義の実現を託した戦後の大きな一歩だったのです。学園では、戦災孤児と知的障害児の協同生活を通して子どもたちの自立と社会性の育ちがめざされ、教育と生産・仕事の結合が大切にされました。園長の糸賀をはじめ、全職員が家族と共に学園に住まい、「四六時中勤務、耐乏の生活、不断の研究」のなかで子どもたちの生活を支えたのです。

（2）発達的共感の世界へ

時代が下り孤児問題が解決されるにつれて、学園は純粋な知的障害児施設となりました。しかもすでに県立に移管し、児童福祉法による施設となっていたため、子どもたちは18歳で退園となります。ところが、時代の変化に応じて障害の重い子どもたちが増えるなか、18歳で社会に送り出せない子どもたちの問題が顕在化したのです。学園では、障害の重い子どもたちの受けとめをめぐって、単なる隔離・保護でよいのかと議論が続きました。

しかし、糸賀たちは、子どもたちと日々かかわるなかで、この子たちなりの内面の豊かさに気づかされます。糸賀は、そうした子どもとの人格的なかかわり合いを「発達的共感」ととらえることで、障害の重い子どもを「永遠の幼児」「沈殿者」としてきた内なる差別意識を克服しようとしました。そうすると、施設は子どもにとって「終着駅」ではなく、「始発駅であり、健全な社会そのものの」であるべきだし、何よりも一人ひとりの人格の育ちと生活の豊かさにつながるような共感関係や社会的なひろがりが求められると考えられたのです。[2]

(3) どんなに障害が重くても発達する——「ヨコへの発達」を求めて——

当時の障害研究はこぞって知能検査の結果で人間の能力を輪切りにし、通常との比較において知的障害の劣弱性を類型的に明らかにするものばかりでした。知能検査の結果にもとづく「軽度は教育、中度は訓練、重度は保護」という類型化が、たとえば就学猶予・免除措置など、障害のある場合の権利侵害や劣等処遇を当然視させていたのです。

こうした動向に対して、近江学園の研究部では田中昌人を中心に、発達研究の方法論を再吟味し、知的障害とは何かを問い直しながら新たな発達の姿を打ち出します。それは、障害の有無にかかわりなく、人間は同じ発達の筋道をあゆむということ、その過程には質的転換期があり、誰もがその節を乗り越えるうえで危機を抱えるというものでした。障害のある場合、その質的

2 糸賀一雄『この子らを世の光に—自伝・近江学園二十年の願い—』柏樹社、1965年。

転換期を乗り越えるのに時間がかかりますが、未知の世界に入っていくなかで不安や喜びを感じながら、その人なりに個性を輝かせていくということがわかってきたのです。

こうして学園では、新たな能力を獲得していく「タテへの発達」だけではなく、今持てる力を豊かに発揮することで生活に幅が出てくる、人とのかかわりが広がるなど、子ども自身が人格や生活、人間関係をふくらませていく様子を「ヨコへの発達」ととらえる視点が提起されました。この「ヨコへの発達」という新しい発達観の創造とともに、「どんなに障害が重い子どもも発達する」という発達の無限性と人間の平等性が追求されていくのですが、糸賀は障害の重い子どもたちの人間的な「値打ち」を徹底的に尊重しようと次のように訴えます。[3]

三歳の精神発達でとまっているように見えるひとも、その三歳という発達段階の中身が無限に豊かに充実していく生きかたがあると思う。生涯かかっても、その三歳を充実させていく値打ちがじゅうぶんにあると思う。そういうことが可能になるような制度や体制や技術をととのえなければならない。

3　糸賀一雄『福祉の思想』NHK出版、1968年。

3 発達保障の思想をかかげて――「この子らを世の光に」――

(1) びわこ学園の誕生

当時、重度の知的障害と運動障害を併せ持つ子どもは、医学的治療による回復の見込みもなく、日常生活の指導もままならないということで、制度の谷間に放置されていました。そうしたなか、東京では病院形態の重症心身障害児施設として、「秋津療育園」（1959年）、「島田療育園」（1961年）が開設されます。この頃、学園内でも重症心身障害児施設の建設計画が持ちあがり、施設や実践の理念が改めて問い直されていました。そこで、子どもたちとの「発達的共感」を通して温めてきた思想を「発達保障」という言葉で表現することになったのです。

1963年4月、「発達保障」の理念をかかげて重症心身障害児施設「びわこ学園」が開設されました（1966年に「第二びわこ学園」開設）。これまで障害の重い子どもたちを「寝たきり」と呼んできたが、子どもからすれば「寝かされている」だけではないか？からだが「寝かされきり」では心も「寝かされきり」ではないか？実践者たちはこう問い直しながら、「この事実を見ることのできなかった私たちの眼が重症であった」[4]という事実に目を開かされていきます。そうすると、不確かな目覚めのリズムを整えて生活に流れを作ることから、人にからだを委ねること、食事や排泄なども単なる介助ではなく、子どもたちがからだを自由に解き放

4 糸賀『福祉の思想』

ち、人と心を通わせていくうえで重要な意味合いを帯びてくるのでした。

当時ようやく、「重症心身障害児の療育について」(厚生事務次官通達、１９６３年７月)によって療育費と施設設備費の国庫補助がなされたとはいえ、医療的管理が中心の予算配分であり、発達に必要なかかわりをする人的余裕はありません。それでも学園では「保育材料費ゼロ」のなかで、子どもたちに必要な療育を保障しようと努力がなされ、一方では職員の健康がむしばまれ、職員の代替もままならない状況にありました。こうした福祉現場の厳しい現実も、実践者たちに発達を権利として保障することの大切さを自覚させる契機になったといえます。

(2)「夜明け前の子どもたち」の世界

この子どもたちにも、人に生れて人間になるための発達の道すじを歩んでいることに変りはない。そう考える人たちがいる。障害をうけている子どもたちから、発達する権利を奪ってはならない。どんなにわからないことが多くても、どんなに歩みが遅くても、社会がこの権利を保障しなければならない。そう考える人たちがいる。

このナレーションで始まる映画『夜明け前の子どもたち』(１９６８年)では、びわこ学園の療育実践のなかで、発達保障の理念が具体化されていく様子が描かれています。映画に登場するのは「重症心身障害児」ではなく、「ミツイくん」「ウエダくん」「ナベちゃん」といった固有名詞をもつ子どもたちです。多動だからとヒモで縛られていたナベちゃんは、そのヒモを解いては飛び出そうとします。しかし、手応えのある素材や活動に出会い、それを友だちと共有していくなかで、ヒモで縛られていた姿は影を潜めていきます。彼が求めていたのはヒモで縛る・縛られるという大人との一方向的な関係ではなく、自分らしさが認められる友だち関係だったのです。

こうして子どもに寄り添い、内面に潜むねがいを子どもたちと共に実現しようとするなかで、実践者たちも既成の価値観から解き放たれていきます。そして、子どもたちのわずかな変化や動きを発達の事実として貯えるために、実践者集団による確かめ合いが時には厳しいやり取りを挟んで重ねられていきます。そこに、子どもの本当のねがいをとらえようとする大人たちのまなざしの発達が見てとれます。

映画のハイライトは、寝たままで表情にそよぎのない13歳のシモちゃんが、心とからだへのねばり強い働きかけを通じて笑顔をほころばせるシーンです。ナレーションは、彼が初めて見せる微笑を喜び合う実践者の姿をとらえて、「笑顔とみるのは、もしかしたら間違いかも知れない。だが先生たちに笑顔は確かに貯えられた」と語ります。子どもに芽生えつつある発達的な変化を明日への希望に変えていく実践者集団の力が、発達の事実をいっそう確かなものにし、子どもへの信頼を揺るぎなくさせるでしょう。私たちにとって、この映画が汲めど尽きせぬ学びの源であり続けるのは、子どもたちの発達の事実と人間的なねがい、実践者の喜びや育ちを普遍的に映し出しているからではないかと思うのです。

(3) この子らを世の光に

高度成長の時代には「福祉は天から降ってこない」[5]といわれ、経済成長と開発を最優先させるために、国民の基本的人権、とりわけ生命と健康が徹底的に奪われる「発達侵害」の道が国民の生活を貫いていたのです。[6]そこで「不治永患」とされた重症児には安らかな「死に場所」を与えることが、せめてもの幸せではないかといわれていました。

しかし、糸賀たちはそうした「飼い殺し」の思想を容認せず、病院形態にこだわる厚生省から「発達保障は国の方針と相容れない」と口頭指導を受けても、びわこ学園では発達保障の理念を貫き通したのです。なぜなら障害の重い子どもたちと接するなかで、かれらが決して「生きる屍」ではなく、生きる喜びを感じ、自己実現をしている存在なのだと確信したからです。そして糸賀は、発達保障の理念のもとで障害の重い子どもたちと共に生きる意味を「この子らを世の光に」という言葉に集約していきます。[7]

この子らはどんなに重い障害をもっていても、だれととりかえることもできない個性的な自己実現をしているものなのである。人間とうまれて、その人なりの人間となっていくのである。その自己実現こそが創造であり、生産である。私たちのねがいは、重症な障害をもったこの子たちも、立派な生産者であるということを、認めあえる社会をつくろうということである。「この子らに世の光を」あててやろうというあわれみの政策を求めているのではなく、この子らが自ら輝く素材そのものであるから、いよいよみがきをかけて輝

5　田中角栄『日本列島改造論』日刊工業新聞社、1972年。

6　田中昌人『講座発達保障への道』全3巻、全障研出版部、1974年、2006年に復刻版

7　糸賀『福祉の思想』

かそうというのである。「この子らを世の光に」である。この子らが、うまれながらにしてもっている人格発達の権利を徹底的に保障せねばならぬということなのである。

私たちはどんなに障害の重い子どもであっても、自己実現をしようとする姿に出会うとき、かれらの個性の輝きに心を引き寄せられ、お互いの人格のつながりを実感するのではないでしょうか。糸賀は、「世の光」は「この人びとから放たれているばかりでなく、この人びとと共に生きようとしている人びとからも放たれている」とも述べています。[8] この自己実現のあり方は個人の内にとどまるものではなく、「他者実現と共にある自己実現」といえるでしょう。[9] 人と人とが共感的につながり、人間的な存在価値を認め合えるような関係を根づかせながら、一人ひとりの人格発達が権利として保障される社会の実現をめざそう。それが、「この子らを世の光に」に込められた発達保障の最も大切な理念だったのです。

1968年9月、講演中に倒れた糸賀は「この子らを世の光に」を最期の言葉に、54年の生涯を閉じます。糸賀は「世の中にきらめいている目もくらむような文明の光輝のまえに、この人びとの放つ光は、あれどもなきがごとく、押しつぶされている。その光は異質の光なのである」[10] と述べたことがあります。確かに経済的価値が最優先される時代、障害のある子どもたちの存在を「異質」とみなす現実がありました。それでも発達保障の思想は、高度成長がもたらす「文明の光輝」を乗り越えて「異質の光」を認め合い、人間らしく生きたいとねがう広汎な人たちを励まし、つなぎ合わせる大切な役割を果たしていくのです。

8　糸賀一雄「社会の発達」『糸賀一雄著作集』Ⅱ、NHK出版、１９８２年。

9　高谷清『異質の光　―糸賀一雄の魂と思想―』大月書店、２００５年。

10　糸賀「社会の発達」。

4 「権利としての障害児教育」と養護学校義務制実施

(1) 不就学をなくす運動のひろがり

平和と民主主義の精神に貫かれた日本国憲法(1946年)は、人類普遍の原理にもとづく国民主権を謳っています。しかし、憲法の条文で「すべて国民は」とされながらも、障害のある場合、「すべて」の人に保障されるべき基本的人権は、戦後も大きく制約・侵害され続けることになります。たとえば、「教育を受ける権利」においてそれは顕著でした。

憲法第26条は「すべて国民は、法律の定めるところにより、その能力に応じて、ひとしく教育を受ける権利を有する」、一九四七年・教育基本法第3条は「すべて国民は、ひとしく、その能力に応ずる教育を受ける機会を与えられなければならない」と、教育権の無差別平等性を定めています。障害のある場合「就学スルコト能ハズ」」(小学校令第33条)と就学免除にしてきた戦前に比べ、戦後の新学制が盲・聾・養護学校を制度化し、障害のある子どもを義務教育の対象としたことは画期的でした。しかし、盲・聾・養護学校における義務教育の施行期日は政令で定めるとされ、盲・聾学校は1948年度から学年進行で実施されましたが、養護学校では行政の不作為により、その後32年にわたって義務制の実施が延期されたのです。

その間、障害が重かったり、それらをあわせもつ子どもたちは「就学困難と認められる者」

（学校教育法第23条・現18条）とされ、就学猶予・免除の対象として学校教育から排除され続けました。しかも戦前と同様、保護者が猶予・免除を「願い出」ることになっていたのです。そのうえ、児童福祉施設への入所には就学猶予・免除の手続きが条件とされていました。教育の権利をあきらめることと引き換えに、条件の劣悪な福祉の受け皿に救われることがかろうじて許されたのです。当時、圧倒的に数少ない福祉施設への入所も狭き門でした。

１９６０年代に入り経済成長に応じる「人的能力開発」政策が進むと、「能力による区別は差別ではない」とする能力主義が学校教育にも持ち込まれ、子どもたちが激しい競争と選抜の世界へと投げ込まれていく時代が到来します。障害のある子どもにも職業的・経済的な自立が求められ、中学校の特殊学級では与えられた仕事を黙々とこなす、自分で身辺の始末ができるという「愛される障害者」をめざして適応主義の訓練や指導がなされたのです。

その後１９６０年代を通じて、「特殊教育の振興」の一環として特殊学級や養護学校の増設計画が進められ、職業的自立が可能な子どもを中心に義務教育対象者が拡大します。しかし、その反面、障害の重い子どもを「教育に耐えることができない」と学校教育から切り捨てる就学猶予・免除体制がより強化されていったのは必然でした。

一方で、障害が重ければ重いほど学校教育から排除され、福祉からも見放されるという権利侵害の現実に対して、不就学をなくし、障害のある子どもにも権利としての教育を保障しようとする運動も力強さを増していきます。不就学のまま在宅生活を余儀なくされている子どもの家庭を訪ねる在宅不就学児実態調査が、各地で自主的に取り組まれました。学校にも行けず貧しい生活環境を強いられている子どもたちは、重い障害ゆえに、発達はおろか健康や生命すらおびやかされる状況に置かれ、子どもの生活に関わる一切の責任は家族に背負わされていたのです。東京都文京区の実態調査報告書『ぼくらにも教育・医療・福祉を』（1972年）というタイトルは、子どもたちから「教育・医療・福祉」といった基本的人権を奪いとる複合的な権利侵害の実態を反映していました。

（2）子どもに合った学校をつくろう

1969年10月、京都北部のある町で、生まれつき重い障害があり、寝たままで12年間を生きてきたいずみちゃんという女の子がその短い生涯を閉じました。このとき、母親は「せめて週に一時間でも学校に行かせてもらえたら、専門の先生に教えてもらい、大勢の子どもさんの中でこの子ももっと豊かな感情を持った子どもに育ったのではないでしょうか」と涙で訴えたといいます。[11] 当時、こうして学校への入学を待ち望みながら短い生涯を閉じていく「いずみちゃん」がどれほどいたことでしょう。

翌1970年4月、天橋立をのぞむ高台に開校したばかりの「京都府立与謝の海養護学校」で執り行われた入学式には、寝たままやオムツをしたままの子どもたちの姿がありました。いずみちゃんもこの入学を祝福されるはずでした。地域住民をまきこんだ粘り強い運動の末に開かれたこの学校は、「すべての子どもにひとしく教育を保障する学校をつくろう」、「学校に子どもを合わせるのではなく、子どもに合った学校をつくろう」、「学校づくりは箱づくりではな

11　青木嗣夫編著『僕、学校へ行くんやで—与謝の海養護学校の実践—』鳩の森書房、1972年。

い、民主的な地域づくりである」という理念を掲げました。それは、「人格の完成をめざし、平和的な国家及び社会の形成者」（一九四七年・教育基本法）になるための教育は不可能だとされた子どもたちの生命をかけたねがいそのものでした。

これまで「教育不可能」とされた子どもたちへの空前絶後の教育を模索し始めた与謝の海養護学校ですが、教師たちが直面したのはオムツの交換や洗濯、教室から飛び出す子どもを追いかけるという日々でした。未知の子どもたちを前に、苦悩する教師たちはやがて「とにかく子どもたちをじっくり見てみよう」と、自分たちの視点を子どもの側に移していきます。すると、外側からはつかめない子どもたちの複雑な表現や訴えが少しずつ見えてくると同時に、この内面の働きこそ子どもたちの大切な「ねがい」なのだと気づいていくのです。

こうした子ども理解のうえに、「オムツ替えも教育だ」とする革命的な教育観が提起されたのです。そして、子どもが人間らしく生きることをねがう教師たちは、子どもを感覚や癒しの世界に留めておくことなく、心が突き動かされるような本物の文化や科学、芸術に出会わせていく学習にも取り組んでいきました。

子どもの内面への共感と想像力をともなう大人たちの自己変革は、「発達の主人公」としての子どもの発見につながります。「寝たまま」の子どもを持つ母親は、教師との対話のなかで、子どものために「流動食をつくってスプーンで口に流し込んでやること、その流し込まれた流動食を自分の血や肉としているのは子ども自身」であり、「これに対して私は何もしてやることができない」のだと「子どもの力」を再認識したといいます。[12]

12 青木嗣夫『未来をひらく教育と福祉—地域に発達保障のネットワークを築く—』文理閣、1997年。

与謝の海養護学校では、障害の重い子どもを中心とした学校づくりの思想を「重度の子どもは学校の宝」と表現しました。それは、障害の重い子どもを全教職員で支えるというだけでなく、一人ひとりが知恵を出し合い、発達していく子どもへの信頼と希望を「宝」のように分かち合うことが、学校に学ぶすべての子どものねがいを受けとめていく懐深い教育につながる、そのために必要な教育条件を獲得していこうとする決意の表れでした。子どもたちのなかにも、障害の重い「あの子が大事にされんかったら、ぼくかて大事にされんのやで」という意識が育ちつつありました。つまり「重度の子どもは学校の宝」とは、障害の重い子どもに必要な制度や仕組みづくりにとどまらない、人間を大切にする人たちの育ち合いの思想であったのです。

また、障害のある子どもが地域で生きる仲間として大切にされることをめざして、地域に根ざした人とのつながりや生活文化を深め合う取り組みも進められ、共同教育も先駆的に実践されました。与謝の海養護学校の記録映画『ぼくらの学校』（1981年）は、地域のなかに養護学校の存在がしっかりと根づいている様子をいきいきと描いています。当時の蜷川虎三京都府知事の「人間を大切にするとは、こういうことだとわかってもらえるようりっぱな学校を建てましょう」「学校は皆さんがつくるものです」という言葉にも励まされた、与謝の海養護学校を中心とする京都北部地域の経験は、同時代の革新自治体における「憲法を暮らしに生かす」学校・地域づくりのひとつの到達点を示しているといえるでしょう。

(3)「権利としての障害児教育」の成立と養護学校義務制実施

不就学をなくす運動では、入学を拒否された子どもたちへの自主的な訪問指導やグループ指導が行われていました。そのなかで障害のある子どもも発達するという経験的事実が積み上げられ、関係者たちは「発達に上限はなく、教育に下限はない」ということを学んでいったのです。また、「就学免除願い」を強制してくる教育委員会に対して、親が「就学願い」を出し続ける運動も取り組まれました。こうして、春にランドセルを見て悲しみにくれていた親たちにも「障害児の母ですが、不就学児の母にはなりません」という権利意識が徐々に芽生えていきました。この「六歳の春を泣かさない」運動は、学齢を迎えれば不就学となってしまう乳幼児期の子どもに「就学前」保育を保障する運動とも連動していきます。

教師たちも1960年代の日教組（日本教職員組合）・全国教研集会を通じて、差別的で適応主義的な「特殊教育」を支える否定的・限定的な発達観や教育観を乗り越えつつありました。そこでは「差別から解放への障害児教育」を展望しながら、教育目標を「愛される障害者」ではなく、「要求の出せる子ども、矛盾に立ち向かう子ども、みんなでとりくめる子ども」へと変革していきます。教研の分科会名も「特殊教育」から「心身障害児教育」（第15次・1966年）、「障害児教育」（第16次・1967年）へと変更されていきました。また、いくつかの民間の教育運動団体やサークルでも、生活教育、生活綴方、教科教育などの観点から障害のある子どもの教育実践が吟味され、実践記録が数多く発表されました[13]。

こうした取り組みの成果を集約しながら、全国的に広がりつつある障害児の教育権保障運動

13　三島敏男編『学び生きるよろこびを—障害児の教科指導と生活指導—』明治図書出版、1971年。
群馬県障害児教育研究サークル著『障害児の教科指導』明治図書出版、1974年。
坂爪セキ『生きる力をこの子らに—障害児学級12年の実践—』あゆみ出版、1977年。
大野英子『詩の生まれる日』民衆社、1978年。

を支える「権利としての障害児教育」という考え方が提起されます。「権利としての障害児教育」論は、全障研に参加する研究者を中心とする「障害児の教育権研究グループ」によって理論構築されたものでした。その基本的内容は、憲法・教育基本法の理念にもとづき、子どもを権利主体として尊重し、諸権利を代替関係におかせず統一的に保障しながら、障害があるという事実をふまえて、発達と学習の権利を実質的に保障するというものでした。そのなかで、清水寛氏は「教育を受ける権利」の能力主義的解釈に対して、「能力に応じて」（憲法第26条）は「発達に必要かつ適切な」と解釈すべきことを実証的に明らかにすることで「権利としての障害児教育」論に憲法的根拠を与えるとともに、それが当時の民間教育運動を支えた「国民の教育権」論にも大きく寄与することになったのです。[14]

教育権保障を求める運動の高まりと、東京都における希望者全員就学の実現（１９７４年度）をはじめ、革新自治体を中心とする各地での独自な障害児教育施策の展開を受けて、ようやく政府も１９７３年11月、養護学校における義務教育の施行期日を１９７９年度とする政令を公布します。こうして１９７９年４月、養護学校義務制が完全実施され、障害のあるすべての子どもに権利としての教育が、国の責任において例外なく保障されることになったのです。

約１００年間、障害のある子どもたちに教育を保障する義務が猶予・免除されてきた国に対して、重たい学校の門戸を開かせたのは、まぎれもなく国が「教育不可能」だと排除してきた子どもたちの発達へのねがいであり、生きる力でした。そのあゆみは、広汎な人たちが発達保障へのねがいを学校にたぐり寄せながら分かち合い、現実のものとしてきた戦後民主主義の貴

14　清水寛「わが国における障害児の「教育を受ける権利」の歴史―憲法・教育基本法制下における障害児の学習権―」『教育学研究』第36巻1号、１９６９年。

重な経験といえるでしょう。その後も、高等部希望者全入運動、訪問教育の充実や高等部訪問教育の実施、乳幼児期の療育・保育、放課後・地域生活の保障など、養護学校義務制実施でかちとった教育権の実質的保障を求める運動が進められていきました。

5　全障研運動と発達保障のひろがり
――「みんなのねがい」をつないで――

(1) 全障研の結成――「障害者の権利を守り、その発達を正しく保障する」――

１９５０年代中頃から始まる高度成長の時代は、日米安保体制のもとでの記録的な経済発展と引きかえに、国民の健康と生活が犠牲にされた時代でもありました。国民生活の破壊が進行するなかで公害反対運動をはじめ、いのちと暮らしの権利を守る住民運動が広がります。また、朝日訴訟や堀木訴訟などの生存権裁判[15]を通じて、人間の尊厳の回復や人間らしく生きる権利を求める国民の声も大きくなっていました。経済成長と国民の生存・生活の権利が激しくぶつかり合い、いずれを優先すべきかが鋭く問われる時代を迎えたのです。

こうした平和と民主主義を求める運動の国民的な高まりに支えられて、全障研は結成されます。直接のきっかけは、日教組・第15次教研（１９６６年）の「恒常的で全国的な民間障害児教育研究団体をつくろう」との提案でした。さっそく田中昌人、清水寛らの呼びかけにより「全

15　**朝日訴訟**　１９５７年、国立療養所に入所する結核患者の朝日茂氏が、生活保護給付金の支給停止をめぐり、憲法第25条の「健康で文化的な最低限度の生活」の水準を問うた裁判であり、「人間裁判」といわれた。
堀木訴訟　１９７０年、視覚障害があり、単親で子どもを養育する堀木文子氏が、障害者年金と児童扶養手当の併給禁止は生存権（憲法第25条）と平等原則（同14条）の違反であると訴えた裁判。

国心身障害児（者）教育研究集会」が開かれ、会の性格や名称、運動の方針を話し合い、これに関西で活動していた「発達の権利をうちたてて差別をなくするための研究会」（発達保障研究会）も合流して結成準備が進められました。

そして、１９６７年8月、本土復帰前の沖縄を含む全国から約４００名が参加して結成大会（東京）を開き、ここに「障害者の権利を守り、その発達を正しく保障するために、理論と実践を統一的にとらえた自主的・民主的な研究運動を発展させる」ことを目的とする「全国障害者問題研究会」（全障研）が誕生したのです。初代全国委員長には田中昌人が選出されました。同年11月には、全障研会員も多数参加して「障害者の生活と権利を守る全国連絡協議会」（障全協）が結成されました。その後、研究運動団体である全障研と要求運動団体としての障全協は、障害のある人の統一的な権利保障をめざして「車の両輪」のようにあゆんでいくのです。

(2) 障害のある人たちを発達と権利の主体に

従来の障害者運動は障害種別に組織され、それぞれに独自の問題や要求を交流することが多く、親が主体となった要求運動も進められていました。それらは当然の動きであり、障害者問題の解決のために一定の役割を果たしたことも事実です。しかし、全障研運動はその結成当初から、それまでの障害者運動にはない新しい性格を持ちました。

その最大の特徴は、「障害者の権利を守り、その発達を正しく保障する」という会の目的に賛同する人であれば、誰でも平等に参加することができるという点でした。障害のある人はもちろん、その家族、実践者や研究者、学生など、障害の有無や種別、社会的地位にかかわりなく、誰もが対等平等に研究運動に参加することをめざしたのです。

そのうえで、「理論と実践」を絶えず行き来させながら、障害のある人たちの生活の実態や教育、福祉の実践の事実を通して障害のある人たちのねがいを掘り起し、国民の生活に深く分け入ることで、その要求実現の道を国民に共通する課題と結びつけて明らかにすることを研究運動の柱にすえました。結成以来、全国大会の分科会においてみんなで実態を出し合い、ねがいや悩みを語り合うことを大切にしてきたのはそのためです。1973年8月には実践や研究運動の成果を理論化するために『障害者問題研究』が創刊されました。

結成大会の基調報告では、「障害をうけている人たち」への深刻な「差別」が国民的な「生活の破壊・権利の剥奪」と同じ根っこを持つがゆえに、「労働者階級を中心とする人びと」と「連帯」し、「障害をうけた人と連帯した人すべての人の解放をかちとる」ことが重要だと指摘しています。「障害をうけている人たち」という言葉の響きに、新鮮さを感じる人も少なくないでしょう。障害のある人を発達と権利の主体として尊重することを前提として、問題や困難の状況を個人の障害や能力のみに還元してとらえたり、宿命論に陥ることなく、その原因と解決の道を社会に広く求めようとする新たな障害観が読み取れます。

そこに「権利をかちとるたたかい」という表現を重ねると、そうした差別や制約を生み出す社会を変革していく主体が、障害のある人たちを含む私たちであることが明らかになります。基調報告では「権利」の成り立ちについて、「義務とならべて、理論的につくりだされたものでなく、差別されている人たちがつくられてきたときに、徹底的にその人たちと同じ立場でたたかってきた人たちがかちとってきたもの」と明確に述べています。

こうして、「障害をうけている人たちにとって必要な権利を今後具体的に創造していく」という課題が導かれるのです。当時は養護学校義務制の実現が大きな目標であり、学齢期を中心に権利保障の取り組みを進めてきました。その後、義務制の実現を見通すなかで、学校教育を中心に乳幼児健診、就学前の保育・療育、卒業後の生活や労働など、ライフステージと生活全体を視野に入れ、なおかつ谷間のない制度の実現や実践の充実を求めていきます。全国大会の分科会も多彩に構成され、問題別研究集会も開かれるようになりました。1977年8月には、全障研運動のなかから、障害のある仲間が自分らしく働ける場をつくろうと「共同作業所全国連絡会」（現・きょうされん）が結成されています。

(3)「発達の三つの系」をつなぐ「みんなのねがい」

全障研では当初から、発達と発達保障の関係をどのようにつなぐか、つまり発達を権利として保障するということを理論と実践の両面から明らかにするうえで、「ヨコへの発達」という発達観を大切にしてきました。

結成大会の基調報告では、発達は新しい能力の獲得という「高次化」の過程としてのみとらえられるものではなく、また「個人が連続的、調和的に上へのび、社会に適応していく」という受動的なものと理解することも誤りだとされました。これに対して「ヨコへの発達」は、「高次化」という垂直的な一方向への伸びだけではなく、「志向的に、豊かな自由度をもって高めていく」、つまり獲得した能力を個人の内で応用したり、他者との共同や集団のなかで発揮するという水平方向での広がりがあることを指摘したものです。

こうした発達観は、近江学園やびわこ学園でも議論されてきたところです。さらに全障研運動では、「ヨコへの発達」を個人のレベルだけではなく、より社会的な文脈においてその本質をとらえようとしたのです。つまり、「他の人との創造的連帯の中で、差別にむかって、矛盾をきりひらき、解放をかちとっていく主体的なたたかい」を含んでこそ、「ヨコへの発達」が実現するというのです。やや理論的にいえば、自らの要求にもとづき現実を変革していく共同的な主体形成のあり方が問われたのです。それは発達における「限定的可能論」や「観念的」な「無限論」を排して、総合的な権利保障に必要な条件を吟味し、新たにつくり出していくうえでも重要な提起となりました。

こうして１９７０年代には、発達保障をとらえる重要な視点として、「個人・集団・社会（体制）」という「発達の三つの系」が新たに提起されていきます。改めて、個人の発達を社会的諸関係から切り離して没価値的にとらえるのではなく、個人の発達にとって関係性や仲間・集団の持つ意味を明らかにし、社会や歴史の発展との関係で個人の発達をおさえることの重要性が提起されたのです。これは直接的には、１９７１年の中央教育審議会答申（四六答申）において、「個性化」・「多様化」路線のもとで集団の解体と教育の個別化が打ち出されたことへの批判でした。

その後「三つの系」について、それぞれの独自性と相互の連関性をめぐって理論的整理が十分になされたわけではありません。しかし第1章で述べたように、個人の発達をとらえるうえで集団や社会のあり方を無視することはできませんし、発達を権利として保障するためには個人をとりまく社会の発展を問うことは不可欠です。いずれにせよ、個人の要求や問題をひとりのものにしておかず、仲間・集団や社会のなかで広く共有することが発達保障の大きな原動力になるのです。

1970年2月には、機関誌『みんなのねがい』が創刊されました。「発刊のことば」では、「私たちの小さな「みんなのねがい」が国民の「みんなのねがい」の実現にむかっての推進力になっていくように、みんなで奮闘しようではありませんか」とよびかけています。そこには、いかなる困難な状況でも、ひとりぼっちをつくらず、ひとりのねがいを「みんなのねがい」として束ねて育てることが、社会に生きるすべての人の豊かさと幸せにつながるという希望が込められていました。発達保障の考え方を最も簡潔に表現しているのが、「みんなのねがい」という言葉ではないでしょうか。

6　国際的な人権保障の努力と到達点のなかで

(1)　障害のある人たちの人権保障をめぐる国際動向

これまでみてきたように全障研は、発達保障の思想を拠りどころに、障害のある人を含むすべての人の権利が最大限に保障される社会の実現をねがい、人権と発達の理論を深めてきました。そして、私たちが育ててきたこの発達保障の考え方は、その根本において、障害のある場合を含む人権保障に向けた国際的な努力の蓄積と到達点にも通じる普遍的な内容を持つものだといえるでしょう。

国際的にみて、ノーマライゼーションの思想の深まりとともに、障害のある人たちの人権思想の広がりと権利保障のうねりが本格化するのは１９７０年代以降です。「障害者の権利宣言」（１９７５年）では障害のある場合にも「同年齢の市民と同等の基本的権利」があることが確認され、「完全参加と平等」を掲げた１９８１年の「国際障害者年」の運動は、「国連・障害者の十年」（１９８３〜１９９２）」、さらに「アジア太平洋障害者の十年」（１９９３〜２００２）へと引き継がれていきます。なお、１９８０年４月には国際障害者年の成功を期して「国際障害者年日本推進協議会」（現・日本障害者協議会：ＪＤ）が設立され、全障研もこれに加盟し、国内障害者団体とのゆるやかな共同を進めていきました。

この間、1989年の「子どもの権利条約」では、障害にもとづく差別禁止のほか、障害のある子どもへの「特別なケアへの権利」が子ども一般の権利とあわせて統一的に保障されるべきことが謳われました。あわせて、「国際障害分類（ICIDH）」（1980年）から「国際生活機能分類（ICF）」（2001年）へという障害概念の変化も、生活と権利の主体として障害のある人のアイデンティティを尊重しようという流れを反映したものといえます。

障害のある人たちの尊厳と権利を守るこれらの国際的な努力と連帯が、障害のある人たちの多くが「戦争や他の形態の暴力の犠牲者」（国際障害者年）であることを重く受けとめ、「戦争の世紀」から「平和と人権の世紀」への展望を力強く切りひらこうとしていたことを心に留めておきたいと思います。

(2) インクルージョンと発達保障──「障害者権利条約」の時代へ──

2006年12月、国連で採択された「障害者権利条約」は、人類史的な人権保障の到達点を示す国際条約であり、障害の種別や年齢を超えて、あらゆる国の障害のある人の人権保障に関する国際的な合意の到達点として歴史的意味を持ちます。条約の制定過程には障害のある人も参加し、「私たち抜きに、私たちのことを決めないで」（nothing about us without us）という声を積極的に受けとめながら、障害のある人本人こそインクルーシブな社会の主人公であるという理念を条約に反映させる努力が積み重ねられました。

権利条約では、多様性や違いを超えて一人ひとりのアイデンティティが承認され、その人権が保障されるインクルーシブな社会への参加を理念にかかげて、そのなかで障害のある人の権利を最大限に保障するための条項が盛り込まれています。

とくに「教育」（第24条）では、「人間の潜在能力並びに尊厳及び自己の価値についての意識を十分に発達させ、並びに人権、基本的自由及び人間の多様性の尊重を強化すること」、「その人格、才能及び想像力並びに精神的及び身体的な能力をその可能な最大限度まで発達させること」を求めています。障害のある人を主人公として尊重し、発達の権利を保障しようという私たちの基本的な理念が、これらの条文にも通じていることが読み取れます。

このように発達保障の理念が、国際的な人権保障のうねりと響き合いながら深められてきたことは事実でしょう。そのことを押さえつつ、私たちが追求してきた発達保障の考え方をここでは再確認する必要があります。

私たちは「発達保障」という一点に、あらゆる権利保障の課題を集約させながら、発達を侵害・制約するものを明らかにし、発達に必要な条件をつくり出すことを前提に、権利としての発達の可能性を障害のある人とともに押し広げてきました。「発達と生活の主人公」という言葉はその反映といえます。障害者権利条約の批准を視野に入れるならば、こうして私たちの取り組みのなかで条約の理念をしっかりと検証し、いっそうの生命を吹き込んでいくことに自覚的でありたいと思います。

かつてに比べ政策や実践の言葉はずいぶんと洗練されているがゆえに、一見すると立場や価値観の違いが見えにくく、問題の本質を見誤りかねません。だからこそ、表面的な言葉の響きや異同にとらわれず、事実に即して問題を奥深く認識することが重要ではないでしょうか。「発達」とは何か？「発達保障」とはどういうことか？　こうして私たちは先達と同様、原点の問いに立ち返らざるをえないのです。

7　一人ひとりが歴史の主人公になるために

（1）歴史のなかに発達保障をみる

これまで発達保障にまつわる歴史を簡単に振り返りながら、私たちが大切にしている「発達保障」や「発達」の考え方が、どの時点で、いかなる事実や経験のもとに生まれてきたのかをみてきました。国民の生活を貫くさまざまな発達侵害に眼を向けることが、発達保障の歴史を知る第一歩でした。そして、発達保障の思想は、困難な状況ではあっても、障害のある人たちのねがいを共感的に受けとめ、語り合い、人と人とのつながりが深まるなかで芽生え、広がりをみせてきました。それは「この子」という個性を持った一人ひとりの「ねがい」が、多くの人たちのなかで「みんなのねがい」として豊かにふくらんでいく過程でもありました。その際「たたかい」や「かちとる」という表現が多く使われたのは、常に「発達侵害」と「発達保障」をめぐる激しいせめぎ合いがあったからです。

発達保障について明確な定義を与えることは、あまり意味がありません。なぜなら、私たち一人ひとりが「発達保障」という枠組みを通して現実を見たり、想像力を働かせることで、埋もれている事実や取り組むべき課題が掘り起こされてくるというのが、発達保障の最も重要な役割だからです。このことは、発達保障が求められてきた歴史をみれば明らかです。みなさんには、さらに田中昌人著『発達保障への道』を精読することで、「発達侵害」の実態を明らかにしながら「発達保障」への道が切りひらかれていく歴史を学ぶことをおすすめします。

(2) 固有名詞を持つ人たちの歴史に即して

名を残し記憶に留められるような人だけが、発達保障の歴史をつくってきたわけではありません。いうまでもなくそこでは、無数の人たちのねがいと苦しみ、実践の事実が積み重ねられてきたのです。

したがって、発達保障の歴史を学ぶためには、その時代を一人ひとりがどのようなねがいを持って生きてきたのかを、固有名詞を持つ人たちのあゆみに即して明らかにすることが不可欠です。歴史を学ぶうえでも「この子らを世の光に」という見方を大切にしたいと思います。こうして個人の経験に引き戻された「ねがい」をまとめるなかで、同時代を生きた人たちの「みんなのねがい」の全体像が見えてくるはずです。そこでは障害のある人たちの姿を通して「発達」がどのように語られ、学び合われていたのか、また「発達保障」というものがいかに実践されたのかを具体的に知ることが重要になります。その際、さまざまな形で残されてきた実践記録は大切な史料となるでしょう。実践記録は、同時代の人たちの生きた証といえます。

その作業に取り組むなかで、過去の人たちの姿は、時代を超えて現在の私たちの経験と必ずどこかでつながっていくはずです。このつながりが私たちのなかで見えてくるとき、現在と過去との「対話」はいっそう深まっていくのではないでしょうか。私たちが現在求めている取り組みや課題は、決して偶然にではなく、過去の人たちのそのときどきの選択と決定において導かれてきたものです。また、現在を奥深くとらえる眼の確かさは、今は過ぎ去って眼に見えない事実や経験への想像力を高めることにもつながります。

こうした歴史の必然性を押さえつつ、さらに過去の経験に隠された「あったかもしれない」という「未発の契機」を探り出すことによって、問題が複雑に絡み合い、身動きの取りにくい現状においても、いくつかの可能性が開かれていることを明らかにし、それが未来の創造性を導くのではないでしょうか。それは容易なことではなく、一人でなしえるものでもありません。だからこそ、時間をかけて歴史を語り合い、学び合える仲間と場が必要なのです。歴史への想像力が、人と人をつなぐといえるでしょう。

（3）時代を切りひらく歴史の主人公に

目に見える成果や効率性が性急に求められる今、歴史に学ぶという地道な取り組みは軽視されがちです。しかし、歴史（学）は本来あらゆる変化に着目し、変化の意味や価値をとらえるために、物事の時間とプロセスに眼を向けていく学問といえます。私たちにとって歴史に学ぶことは、そのままでは眼に見えない事実を想像力を働かせながら明らかにすることを通して、目の前で常に流れていく出来事や問題の本質をとらえる力を養うために不可欠の営みなのです。歴史への問いは、そのまま現在の私たちの認識や実践へと跳ね返ってくるのです。

これからも、私たちの前には「発達侵害」の高い壁が立ちはだかるような状況が続くかもしれません。そうした困難な状況もまた、歴史のなかでつくり出されてきたのだとすれば、私たちには歴史を学び、過去の人たちが「みんなのねがい」を持ちより、幾多の困難を乗り越えてきた歴史的経験をこの手で取り戻すことで、先の見通せない時代を少しでも切りひらいていくことができるのではないでしょうか。そのとき、歴史がもたらす想像力と創造性が私たちに一歩前に進む勇気を与えてくれるとともに、人と人をしっかりとつないでくれるはずです。発達保障の歴史をつくる主人公は、他でもない私たちなのです。

障害児学級の実践から
「みたがり・しりたがり・やりたがり」の芽を見つけ、育て、花咲かせる

品川　文雄

私の出会い　――全障研の先輩たちに魅了されて――

私が大学（特殊教育学科）に入学したのは１９６８年。恥ずかしい話だが、特殊教育学科を選んだ大きな理由は教育学部の中で倍率が低かったから。障害者に出会ったことがなかった私は、「施設でボランティアして」「きょうだいに障害者がいて」など障害者問題に熱心な同級生に劣等感をもち、子ども会活動を行うサークルに逃げていた。

転機が訪れたのは大学3年の冬。そろそろ卒論を書く準備をしなくてはと思っていた私に先輩が「京都・与謝の海養護学校の見学」をすすめてくれた。私は見学でなく1週間の実習を希望し、唯一名前を知っていた先生（青木嗣夫先生・与謝の海養護学校設立運動の中心人物）に電話した。二つ返事でＯＫをもらい、早速出かけた。

ここで忘れられない出来事に出会う。泥んこの裸足で廊下を走り職員室に飛び込んできた子どもを叱らず自分も泥んこになりながら抱き上げる先生、それを見守る先生がいた。子ども会活動を通して学んだ、子どもの内面に潜在する思いやねがい、子どもの発達したい要求を受け止めることが行われていたのである。

青木先生から、子どもとの手のつなぎ方も学んだ。走り回り逃げ出す子でも手を握りしめ、逃げないようにつなぐのでなく、「人差し指と中指を差し出し子どもに握らせる、その握った手を親指で軽く押さえるようにしよう。そうすれば手をつなぐ主体は子どもになる」と。

途中から寄宿舎に泊まらせてもらい、24時間、障害のある子どもたちと過ごすなかで、私は障害児教育に魅了された。1週間の押しかけ実習が、私の一生を決めた。

卒論は青木先生をはじめ与謝地方の教師たちの教育観・発達観の変遷をまとめた。青木先生たちは勤務評定反対・学力テスト反対の闘い、安保反対の闘いなどを経験しながら、国民の教育権に目覚め、自らも変革し、障害のある子どもたちの教育権、発達権の思想を深めていった。卒論を書きながら、私は青木先生たちのような教師になりたいと思ったのである。

埼玉に就職してすぐ、というより赴任する直前、埼玉・群馬・千葉・東京の全障研の先生たちの魅力的な教育実践に出会う。それが今も続いている全障研との出会いである。

1 「明日からここで勉強します!」と宣言し、自ら通常の学級からやってきた優

(1) 明日からここで勉強します

見学を希望し障害児学級で一日を過ごした優は、「おもしろかったです。明日からここで勉強します」と、帰りの会で宣言した。保護者も希望したため、非公式な扱いで、しばらく通級することになった。

T小学校に転任したばかりの私が彼の存在に気づいたのは、5月の運動会練習のとき。参加を促す担任に引っ張られた優は、泣き叫んでいた。遠目からも、機嫌が悪く一時的に参加を拒んでいるのでなく、運動会練習と強引な担任を心底、嫌がっている様子が感じられ、やや肥満で運動が不得意な優にとって運動会は苦手なのがわかった。それ以上に優は参加しないことで注意を受け、注意を受けたことでパニックとなり、パニックになったことで暴れだす、こうした負の連鎖によって、運動会練習に参加するしないというレベルを超えたものになっていた。あとで担任に尋ねると、不得意と思うことや自信のないことは絶対に取り組まず、初めて行うことにも抵抗を示すとのことだった。

「大変な子がいる」と思いつつも、新たに担当した学級を学び合えるものにすることに力を

＊ 障害児学級に入級するには、「就学指導委員会」での判断と在籍の変更が必要であるが、子どもと保護者に希望と緊急性のある場合、障害児学級で学び生活し、後から正式な判断をすることがある。

注ぎ、存在すら忘れていた。そして、秋も深まった11月、見学、ここで勉強する宣言があり、優との取り組みは始まった。

(2) 国語や算数をやったら、ボク暴れます

「実態調査票」には優の厳しい実態が書かれていた。

①集団参加は、気に入らないことがあると、すぐ癇癪を起こすので、長く続かない。
②感情のコントロールがうまくできず、がまんをすることができない。よくパニックを起こす。
③自分の思い通りにならないと、物を投げたり破いたりすることが多い。
④みんなが静かに学習していると注意を引きたくて奇声を発する。
⑤黒板に書いてあるものは読めるが、視写することはできない。
⑥手が汚れることを極端に嫌い、たびたび手洗いに行く。緊張場面ではトイレに行くことが多い。偏食もある。とくに牛乳は大嫌い。

こうした状態が顕著となり、通常の学級への不適応がすすんでいたのである。面談で母親は、「テレビで解説された子とまるで同じ」と話してくれた。ADHDを特集した番組を観た母親は我が子の状態を理解し、解説した大学の先生を訪れ、診断をしてもらう。結果はLDを伴うADHD。

入級を希望したため、市就学指導委員会（当時の委員会名）は知能検査等を実施し、就学相談を行った。知能検査（WISC－R）は、動作性検査が全検査のIQ値を下げ、下位検査か

＊　市の障害児学級入級の判断は、知能検査の数値だけで行うのでなく、総合的な状態像をふまえるようになってい た。「就学指導委員会」改革を重要な課題として長年取り組んだ成果である。

らＡＤＨＤの傾向がみられるという結果だった。学習の状況、集団への不適応、情緒の不安定さを勘案し、市就学指導委員会は障害児学級での指導が望ましいと判断した。３年の4月から正式に入級することになる。

希望した障害児学級だったが、すぐに変化が生まれるはずはない。たとえば嫌いな給食がでる日は朝から荒れる、荒れたことで注意を受け、注意を受けたことでパニックに、パニックになることで嫌いな物を食べるどころでない状態になるなど、通常の学級にいたときと変わらぬ状況が繰り返された。

他の児童が算数に取り組んでいると、「先生、ボク、算数嫌いですから、やらせないでくださいと、学習を拒否することもたびたびだった。1年のときの優の教室を障害児学級が使用したことがあった。ひびの入った窓を指し、「1年のとき、ボクが壊したの」「無理にやらせたら暴れますから」、牽制ともとれる言動はたびたびあった。

「国語と算数をやらせたら、ボク暴れますから」を聞いたとき、私は優が国語と算数をはじめとする学校での学習への苦手意識、できないという挫折感、自分に対する否定感が強いと思った。強がりや牽制の姿はとっているが、悲痛な心の叫びだと感じた。この時点で、学校での学習は彼の世界を広げ人間として豊かに発達させるものでなかった。逆に、彼の人間としての尊厳を傷つけるものであったに違いない。コクゴ・サンスウ怪獣に「国語・算数のできないダメ人間」とレッテルを貼られ、いたぶられている自分、加えて、それによって周りの友だちからバカにされている自分を感じていたのだろう。だから、暴れるしかなかった。暴れることで自

＊ いつも、私は表面にあらわれた激しい行動だけでなく、その行動の奥に潜む願いは何かを考えるようにしてきた。そのとき求められることは、洞察力と想像力である。時として行動の激しさに冷静さを失うこともあったが、そうした失敗も糧にしながら洞察力と想像力を磨いてきたように思う。

分を保っていた。

自分の名前（小林）を漢字で書くと「小ホホ」になる、これに象徴される彼の困難さ、学習への困難さはもともとは優の障害から生じたものと考えられるが、それ以上に、学校生活とくに学習中に累積した「苦手意識、挫折感、できない自分への否定感」が、困難さを増大させていた。このとき、通り一遍の学習を優に求めたら、品川もコクゴ・サンスウ怪獣の味方だと思うだろう。今から考えると、大変高度な教育実践の課題を突きつけられていたのであるが、2年3学期、3年はじめは、癒やし期間、課題見つけ期間だから無理しないでいきましょうという程度の認識だった。

＊「コクゴ・サンスウ怪獣」という象徴的な言葉を使ったのは、ある子どもにとっては、国語や算数が自分に襲いかかる怪獣のように思うだろうなと考えたからである。
挫折感や恐怖感を抱くことに想像力を働かせつつ理解することが必要であると思う。

2　無理に学級の学習に参加させなかった。彼が「やりたい」となれば、参加させる程度

(1) それでも、指導方針は考えた

「小ホホ」に象徴される彼の困難さ、障害の特性に即した教育方法もあるが、私は行わなかった。そこから入るのでなく、世界を広げ人間として豊かに発達させる学習内容を優と一緒に見つけ出し、取り組むことによって、学習内容と学び合いのもつエネルギーによって、障害から生じる困難さをも自ら克服していけるようにしたいと考えた。自分ではなかなか克服できない

ときは援助を求める（援助されるでなく）ことができるようにしたいとも考えた。

癒やし期間、課題見つけ期間、無理しないとしても、次のような指導方針を考えた。

①手洗いへのこだわり、偏食は改善したい課題であるが、強制して改善するものでなく、様子を見守るが、すぐ取り組まない。全体的な成長・発達のなかで変化がみられるだろうと考えた。

②学習も本人が拒否したら無理強いしない。私との関係がきちんとできてから行う。

③本人が好む、興味をもつ学習があれば、それを十分行わせる。優は話すことや本を読むことが好きなので、これを保障しつつ、そうした活動を通し、日常的に自分の考えや思いを言葉で表現するように仕向けた。これは前述の実態③に対処する事柄でもある。コミュニケーション・表現力を本人の得意分野を使って伸ばそうと考えたのである。

④学級全体の生活の流れに沿った様々な活動には無理強いしないが、参加を促す。給食の準備・片付け、清掃も学級の一員として頑張ることを求める。優を生活の流れや集団の温かみのなかでゆるやかに受け止めようと考えたのである。

⑤見学日にこの学級と私を気に入ってくれたことを手がかりにして、私との関係をさらに豊かにすることを当面の中心的課題にすることにした。まず、手をつけるのはこの点である。

（2）可能性が見えてきた

無理しないとしたため、学級の学習には強引に参加させなかった。優が「やりたい」となれば、参加させる程度だった。優は勉強に参加しないで好きな本ばかり読んでいた。本は図鑑を中心に幅広く学年以上の内容のものを読み、ほぼ理解していた。私は学びたい意欲、学ぶ力を持っていると判断した。だから、受け入れる学習内容と学習方法が準備できれば、乗ってくるに違いない、学習に参加できるのではないかと思った。そう考え、彼が受け入れる学習への参加の糸口はないかと探った。でも、私の意図を感じたら、間違いなく逃げる。だから、気取られることなく、気取られることなくを心がけた。

障害児学級の集団は、たまたま当時の構成が優より年齢が高く、優の行動を受け止めることができた。少々癇癪を起こしても、それで惑わされる集団ではなかった。同時に、優以上に個性的で手がかかる子（甘えて暴れたりする子、不安で登校できなくなる子もいた）も多く、それを目の当たりにした優はあんなに手がかかってもＯＫなんだ、この学級と品川はボクを受け止めてくれるにちがいないという安心感を抱いたのだと思う。加えて、頼りにできモデルとなる６年生がいた。あんなカッコイイ６年生になりたいという憧れを優を含め学級のみんなが抱いていた。そんな障害児学級の集団のなかで、ゆるやかに優は受け止められた。

＊　この間、決して放っていたわけでない。自分も含め教師は準備した教育課程や教育内容に何とか参加させようと躍起になる傾向がある。躍起になればなるほど、それらを子どもは受け入れないことが多い。

学ぶ主体である子どもがその気になるかどうか、教師はどうしたらその気にさせられるかが勝負であると思う。そのとき、いったんは待つこと、見守ることから始めてみたい。呼吸を整えてからでも遅くない。

３　「地下鉄探検隊」の活動が、学習への参加の糸口に

（１）「地下鉄探検隊」の活動を始めると

Ｔ小学校が「総合的な学習の時間」の研究開発学校だったこともあり、障害児学級も優が３

年のときから取り組みを始めた。この「総合的学習の時間」で行った「地下鉄探検隊」が優を大きく変えることになる。

その頃も他の学習には参加しないことが多かったが、「地下鉄探検隊」では、発案者であり、探検活動の提案者である優は、活動の中心を担い積極的に取り組んだ。一学期、本学級は多くの時間を「地下鉄探検隊」の活動に費やした。探検隊とはいうものの、はじめの活動は東京の地下鉄の駅名を路線ごとに書きだし、路線図を作ること。優がもっていた「東京地下鉄全駅ガイド」を参考に東京の営団・都営の駅を路線ごとに書く。B4サイズの厚紙一枚に4～5の駅を書き、駅と駅を結ぶ線を路線ごとに色塗りしていった。

他の子どもたちは、字数が多くなったり、濁音や促音などがあったりするとうまく書けないこともあるが、文字を書くことを拒否しているわけではないので、なんとか駅名を書いていった。他の子どもたちが次々に駅名を書くことがくやしく、参加したい様子を示すようになる。地下鉄探検隊の提案者なのに、活動の中心はボクのはずなのに、活動（駅名を書く）できない。でも活動したい！国語はしないと宣言したけど、地下鉄の駅名は書きたい。葛藤の末、私の「書く?」の誘いに乗り、意を決して書きはじめる。字数の少ない駅～「うえの」「いりや」を指定し書かせた。これが書くこと再開のきっかけになった。たった3文字を書くのに何度も書いたり消したり、うまく書けず、投げ出したり怒ったりもしたが、すべては大好きな地下鉄探検隊のため、大パニックになる前に自分をコントロールしたように思う。書けたときの顔は晴れ晴れ。3文字から4文字へ……字数も増えていった。

＊「総合的な学習の時間」は1999年、学校教育法施行規則の改正と養護学校学習指導要領の改訂により創設され、2000年度から段階的に実施された。これに先立ち、T小学校は文部省（当時）の研究開発学校として「総合的な学習の時間」の研究発表を行った。我が学級も「総合的な学習の時間」として「地下鉄探検隊」を試みた。「多くの時間」と記述したが、週3～4時間であり、そのほかは国語、算数、生活、体育、図工、音楽などを行っていた。障害児学級特有の生活単元学習中心の教育課程は行っていない。

一学期半ばから始めた路線図書きは2学期9月末まで続き、すべての路線図が書き終わる頃には、書くことへの抵抗感が少しずつなくなっていった。

(2)様々な場面で学習に参加するように

「地下鉄探検隊」が学習への参加の糸口となった優は、この学習のなかで、活動する楽しさ、学ぶ楽しさを知っていった。探検隊調査リストを作るときも、ほとんどのアイデアを考えた。アイデアの宝庫は乗り物関連の図鑑類である。書くことに抵抗はあるが、それはヒロが担ってくれるので、アイデアを考えれば良かった（そのような役割分担に仕向けたのは私）。

一学期の終わり、都営12号線（現在の都営大江戸線）の愛称募集の情報を得た。早速、「12号線の名前を募集してるって、みんなも考えよう」と持ちかけた。はじめ担任の話す内容・意味がわからなかったが、わかるやいなや考え始める。マキはまるの線、ヒロは山の手線、環状線、ぐるぐる線、鶴巻線、ポケモン線、優は光が丘線、山の手線、あみ線、ポケモン線を考えた。夏休みが終わっても、「先生、葉書出した。受かるといいね」と関心が続いた。

その後、12号線現地調査を行い、ワープロで探検隊報告書の作成を提案した。ワープロ操作を覚えるのは大変だったが、書字に課題のある優にとってはこちらの方が自分の力を発揮できた。地下鉄探検という楽しい課題に導かれながら、報告書作成という難しい課題に挑戦できたのである。こうした活動は、優にとっては好きなことであり、それが学習と位置づけられ、学校で頑張って取り組めば評価される。学ぶことが楽しいことになっていったのである。

仙台の地下鉄調査でお世話になった清水貞夫先生（宮城教育大学・当時）に「T小学校にきてください」の手紙をだすと、OKの返事が。喜ぶ子どもたちに「清水先生が来るまでに、仙台の地下鉄を探検してまとめなくちゃいけないな」の課題を出す。

駅名や駅の数探検から始めると、仙台の地下鉄は全国で一番短く、一番駅数が少ないのに気づく。駅と駅の間の距離も計算（小数の引き算が必要）。すると1キロメートル以下が多いのにも気づく。優にとって難しい計算はヒロが担当してくれたので、安心して「仙台地下鉄の秘密」探検の課題に取り組めた。これも地下鉄探検という楽しい課題に導かれながら、併せて数の比較や引き算（行ったのはヒロだが）という難しい課題に挑戦したのである。

学級を訪れた清水先生は、この秘密発見を「すごいことに気づいたね。私も知らなかった。大発見だと思うよ」と評価してくれた。大学の大先生の評価は、優をはじめ学級のみんなを励まし、次への活動の意欲を引き出した。

地下鉄探検隊の活動をまとめ、校内で発表することにした。クイズは一問ずつ出題し回答用紙を交流学級に配る。クイズの趣旨と内容の説明を何度も教室で練習し交流学級へ出向く。行くまでは元気なのに、緊張しやすい優は話せない。そこでヒロが説明するが要領をえない。その状況に意を決し優が説明する。そんな支え合いのドラマを生みながらクイズ交流はすすんだ。答えは障害児学級の教室前の報告書にあるということで、教室前は人だかり。報告書をみる人をみつけると、優が偉そうに説明している。こうした活動を通し、学習の主人公になり、自分への自信を取り戻していった。

＊ 清水貞夫先生は、子どもたちが電話でお願いした「仙台の地下鉄調査」を行い、数日後には多数の写真と報告書を送ってくださった。子どもたちにとっては、大学の大先生であると同時に、私たちのお願いに応えてくれる優しいおじさんであった。

4　浮かび上がる課題

（1）自分への自信を取り戻していったが、行事にはプレッシャーが

運動会当日、学校に来れないことが多かった。通常の学級だった2年は、練習でも泣き叫び、結局不参加。3年の運動会当日、いつまでたっても登校しない。家に電話すると「運動会に出ない」という。練習は何とか頑張れたのだから、参加しないことは後々マイナスに働くと考えた私は、家まで迎えに行き、説得。やっと登校したが、ダンスに参加しただけ。これは私のミスだった。こんなに我が学級に慣れ、落ち着き、練習にも参加したのだから、彼はもう大丈夫と対策を取らなかった。内面に葛藤が渦巻いていることを見抜けなかったのである。

3年3学期の市内障害児学級合同発表会でも私はミスを犯した。T小学校の出し物は音楽劇「スイミー」。声も大きくメリハリのある話し方をする優を主役に抜擢した。合同発表会の前日、交流学級を招いた公開練習でスイミーを見事に演じ切ったので安心してしまった。ところが、当日、風邪を理由に会場に来れなかった。電話すると「ボクはだめです。できません」。テコでも動かない。数日前から風邪をひいていたことは事実であり、欠席理由は風邪だが、プレッシャーによるストレスが風邪を招いたとも解釈できる状況であった。

その頃は変わりつつあったことは確かだが、まだプレッシャーに打ち勝つほど自分に対し自

＊　子どもは突然、成長が止まったり後戻りしたかのような状態を示すことがある。多くの場合、それは新しい自分に変わろうとする時期にあらわれる。新しい自分のあらわれに自分自身が戸惑い悩むからであり、無理に後戻りしようとするから行動は激しくなる。このとき、私は子どもの行動を問題にするのでなく、子どもの変化・成長の兆しを見過ごしている自分と子どもの変化・成長に応えていない教育課程や教材をチェックするようにしてきた。正直に書けば、ミスを犯して、チェックを始めたのであるが。

信がなかった。他に対しても、ありのままの自分をさらけ出せなかったのである。彼の内面の奥の奥までわかろうとするとともに、さり気なく支えなければならなかった。このとき、私は「せんせい、たすけて～。ほんとうはいい子になりたいんだよ～」の声を聞いたような気がした。二つもミスを犯してしまったが、そのことで優の心の傷の深さを知るとともに、魅力的で素敵な人になりたいという切実な願いも知ったのである。

3年は間違いなく変身期であり、だからこそ激しい葛藤期でもあった。

(2) 現象面では負の部分をみせていても…

発表会の後、スイミーを演じている自分を描いた。実際にはできなかったけど、ボクは演じる自信がある、絵は語っていた。これが描けたので発表会に参加できなかった悔いは幾分か解消された。少し前だったら、参加できなかった悔いのため落ち込むことが多かった優だが、さらに練習を重ね、音楽劇「スイミー」を、校内の6年生を送る会で発表できた。現象面では負の部分をみせているが、内面では着実に変わっていることもわかった。

トラブルを起こしたとき、「人のせいにする」傾向があった。その傾向が生じた場合、私はトラブルがなぜ起こったのか、誰が何をしたから起こったのか、そのときあなたや相手がどうしていたのか、あなたにトラブルの責任はないのかなどを説明し話し合った。優に対しては、大人との議論のように論理立てて感情に流されず、話し合うことに心がけた。癇癪を起こしやすく、感情をコントロールすることが下手な優だからこそ、論理で相対してきたのである。これはモデルとなる身近な大人の責任だと思ったからだ。優は、少しずつ論理立てて考えるようになり、「人のせいにする」ことがほとんどなくなっていた。

5　障害児学級の学習とその中で成長した自分に自信が持てたとき、優は変わった

(1) 苦手な国語にも挑戦

優は「地下鉄探検隊」をきっかけに他の学習にも参加し始めた。

ひらがなを書くことに抵抗がなくなると、4年1学期ごろから漢字への抵抗も薄れ、漢字書き取りを練習するようになる。3年までは漢字をまとまった形に統合できなかったが、練習の結果、まとまりのある形に書けるようになった。私が漢字の書き直しを命じてもめげずに応じるようになった（かつては命じたとたん、パニックだった）。自分の名前も「小ホホ」から「小木木」に、そして「小林」になった。

俳句や詩をつくることにも挑戦した。俳句は五・七・五の言葉をあてはめ表現しなくてはならないので難しい。

友だちは、

「そらをとぶ　すずめいきてる　えさをとる」（ダイ）

「じてんしゃ　あめがふってきた　くつぬれた」(マリ)
と、見たまま体験したままを書いている。

一方、優は、

「みつばちが　みつをあつめる　たいへんだ」

「たいふうが　にっぽんせっきん　たいへんだ」

と、図鑑やテレビのニュースから学んだ知識を駆使し、書いている。

詩は、校庭で鳴く虫の声を聞いて書いた。
「ころころり　ころころろり　うたっている
りんりんりん　りんりんりんりん　ないている
ぴんぴんぴん　ぴんぴんぴんぴん　わらっている
こおろぎ　ないている」(ダイ)
「みみみ　ないている　みみみ　ないている　むしが　ないている
るるる　ないている　みみみ　ないている　みみみ　ないている」(マリ)
虫の声を聞いたまま書いている。
これに対し、優は図鑑知識総動員の詩を書いた。このときの精一杯の優らしさの表現である。
「耳　すましてみましょう
ころころ　りーりー　すーいっちょ　きれいなおとですね
いろいろな　虫のおと

＊　国語の力を育てる取り組みの構造を以下のように考え、実践した。
【国語の授業で～(お話し会で話す、聞く)(語彙をふやす)(平仮名、カタ仮名、漢字を書く、読む)(短文読み取り、文学教材の読み聞かせ、読み取り)(にほん語のきまり)(詩や作文等を書く)】

【表現する喜びを育てる～お話し会・音読朗読・動作化・劇化・パフォーマンス】

【国語あそびを楽しむ～しりとり遊び、ヒヤリングテスト・連想ゲーム・ジェスチャー等】

【遊び・全生活・友達の中でコミニュケーションの力を育てる】

【言語環境を整える～発問・掲示・板書の仕掛け】

子どもの実態要求に沿って、これらを組み合わせ国語の教育計画を立案した。

虫の　オーケストラみたい」

(2)「総合的な学習の時間」が再び算数を学ぶきっかけに

「総合的な学習の時間」はその後、「からだ探検隊」「むしむし探検隊」「牛乳調べ隊」を行い、どれも学習の新たな糸口となった。たとえば、「からだ探検隊」の身長・体重調べ・比べでは、算数と関連させ、10センチ、1センチのタイルを使い、身長を棒グラフに表し比べた。どの子も数字だけでは比較は難しいが、こうすることで視覚的にもわかりやすくなり、引き算にもつながった。同時にタイルの導入と位取りの学習のきっかけをつくることもできた。

算数大嫌いな優は、「からだ探検隊」の身長・体重調べ・比べというくくりのなかで、もう一つの「算数学習」を受け入れた。系統性という点では飛躍があるが、こうした興味に沿った学習も否定せず、系統性のある学習とリンクさせれば有効になるのではないかと思う。少なくとも、優には有効だった。4年の後半になると、かけ算、繰り上がりのある足し算、繰り下がりのある引き算にも挑戦するようになる。

(3) 広がる興味、広がる世界

その後も、優は「総合的な学習の時間」では活動のアイデアを考え、活動の中心を担った。活動アイデアの源は、図鑑を中心に旺盛な読書で知り得た知識である。アイデアを出すたびに私は「優はすごい、いつも本を読んでいるからだ。このアイデアいただき」といって励ました。

我が学級では、2週に1回来る移動図書館から興味にそって、各自毎回5冊の本を借りる。優も好きな本だけでなく、時にはリクエストして学習に関係ある本を借りるようになった。アイデアマンとしてはネタの仕入れに余念がなかったのである。

2年、3年のころ、読書を止めなかったのは、癒やし期間だったから大目に見たこと、その時期止めればパニックになったこと、パニックになれば最も傷つくのは優なので避けたことが理由だった。今できる、したいのが読書ならそれを認めよう、いずれ生かされるときがくるだろう、とそのときは思うようにした。そして、4年になり、優の読書は学級の学習に役立つように転化したのである。

理科では「回路~豆電球の実験をしよう」、「シャボン玉のヒミツをさぐろう」などを行った。仮説を立て実験し確かめることのおもしろさに優は引きつけられた。

「虫めがねをつかって、紙を燃やせるか」という「あぶない実験」をしたときのこと。虫めがねの焦点あわせがうまくいかなくても、「魔法使いと称した品川がいとも簡単に火をつけられるのは、なぜ」、「どうしたら火をつけられるの、なぜ」、「先輩ヒロはどうして火がつくの、なぜ」、なぜ、なぜが多すぎてパニックになる間もなく、実験（?）を夢中になって行った。火がつく理由がわかっても、焦点あわせは難しく、何度も挑戦した。やっと火がついたとき、できた喜びでいっぱいの顔になった。こうした学習は、興味を広げ、彼の世界を広げた。

＊ 科学的に物事を見る目を育てたいと理科や社会も行った。系統的に取り組めなかったが、それでも子どもたちは自然や社会の不思議に目を向け、なぜだろう、確かめようと挑戦した。理科ではほかに「ゴムで動くおもちゃ」「植物の種」「花はどこから水を飲む?」などを行った。

6　素敵なお兄さんになった優

(1)　新たな自分への挑戦

学級内で、3年のダイとテレビゲームの話で意気投合したり、学級のみんなを誘ってサッカーをしたりするなど、友だち関係が深まり、落ち着いた状態が続いた。

4年3学期、学級の係決めのとき。ダイがやりたい係にこだわり、なかなか係が決められなかった。みんなで説得したが、頑として譲らない。その様子をみて、優は「前のボクみたいだな」といった。そのほかの場面でも、かつての自分の行動を振り返り、「ボクは◇◇してたよね」とか「ボクはもうそんなことしないよ」と、自分を客観化して話せるようになった。いじわるな私が、壊れた窓を指し原因を尋ねると、「忘れました。昔のことにふれないでください」との返事が返ってきた。

苦手の給食も克服しつつあった。牛乳はほとんど飲めるようになり、嫌いな物も「少なくして」や「これはどうしても嫌いだから入れないで」がいえるようになった。またしてもいじわるな品川がお代わり希望に出した交換条件は「(優の嫌いな)◇◇を一口食べたら、どうぞ好きなだけお代わりしていいよ」。これに応じ、我慢して食べることに挑戦するようになった。実は偏食つながりの優と品川は、嫌いな物に挑戦する(少しだけだけど)熱い同志であり、嫌

＊　この頃は強引な偏食指導をしていない。このエピソードは偏食克服の同志である優と私の偏食克服ごっこの報告である。偏食指導反省は品川文雄『障害児学級で育つ子どもたち』(全障研出版部、2004年)で詳しく書いている。

いなニンジンを少なくする品川を告発する仲となっていた。

苦手だった運動にも挑戦するようになる。4年で初めて持久走大会を完走することができ、水泳も、私の指示を受け入れ、練習を重ねた結果、ほぼクロールに近い泳ぎ（10メートルくらい）ができるようになった。5年の夏、ついにクロール、平泳ぎ50メートルが泳げるようになる。通知表で「運動能力の向上以上に心の成長の証」と評価した。

＊ 5年の頃には、私との信頼関係も確かなものになっていたので、戸惑いが生じるだろうが、成長発達のために必要な試練を課すようにした。受け入れギアからの転換である。

（2）1年生の支援係で頑張ることを求める

学習でも学級の中心となり新たな自分に挑戦し変身する優に、5年になったとき、私はもう一つ大きな飛躍を求めた。それは1年生の支援係として頑張ることである。

この年、3人の1年生が入級。その中で最も手のかかるカイの支援担当を命じた。移動するときは手をつなぎ、遊びの相手もし、日常生活のお手伝いもする。カイは入級したての頃、泣いてばかりで何もしない。そんなカイを笑わせ、みんなの活動の渦に入れることは難しい。しかもやり過ぎ手伝いすぎはしないとの約束のもとにである。大人でも大変な課題に優は挑戦し、私たちの期待に応える働きをした。

一年を振り返り、5年3学期の通知表で次のように評価した。「1年生の支援係として頑張る。私はこの仕事ができたことを高く評価したいと思う。援助するには相手の立場に立たなくてはならず、自分の要求を我慢しなければならない場合もある。そうした心の葛藤を経ている点、また、小さな子の面倒を見ることは、自分の行動をコントロールし、相手に合わせることが必

この年、1年生が3人も入級し、彼らを学級集団にどうかかわらせるかが課題であった。そこで1年生と先輩がペアを組み親密な関係をつくると共に、それを基礎に学級集団にかかわるようにと考えた。優にとっては、最も不得手な「人との関係の取り方」や「面倒を見ること」を学ぶチャンスだと考えた。戸惑いが生じるかもしれないが、必要な試練だと考え、私は支援担当を要求したのである。

要である点など、これらは優が心を成長させている証しであると思う」。学級内で、低学年の子から慕われ素敵なお兄さんに成長した。

（3）障害児学級の学習とその中で成長した自分に自信が持てたとき、優は変わった。

学級内で成長したことは確かだったが、学級外との関係は改善の兆しはあるもののなかなか変わらなかった。その象徴が通常の学級との交流学習である。3年のとき、交流学習参加を持ちかけた私に優は「交流は行きません」ときっぱり断った。そこで無理に行かせなかった。4年のとき、運動会練習をきっかけに交流学習（理科）に参加し始め、行くのを楽しみにしていたが、実験部品をなくしたことを理由に行けなくなった。私にとっては何でもない失敗も、優にとっては100％のダメ、楽しみな交流も行けなくなるほどの失敗だったのである。

5年になると、変化が見られた。まず、委員会活動に参加したのである。希望したのは健康委員会。「からだ探検隊」を行っていたこと（からだ問題には興味と自信があった）、保健室の先生には日頃からお世話になっていて安心できる存在だったことが希望理由である。3泊4日の自然教室（林間学校）にも通常の学級に入って参加でき、このなかで友だちもできた。この時点では、教科交流は4年のときの挫折があり行っていなかったが、自然教室で自信が生まれ、優は「給食交流なら行こうかな」というようになった。

6年になり、交流学習への参加を相談すると、「行きます」。先輩の6年3学期を見て、卒業にむけた活動（卒業制作、卒業文集、6年生を送る会、卒業を祝う会、卒業式など）には、通

＊　通常学級との交流教育・共同教育は大切であるが、やらねばならないものとは考えていない。あくまで子どもの必要性から出発したいと思う。だから、必要性を感じなかった優に交流教育を行わなかった。誘いをかけ必要指数をはかったり、交流教育の楽しさをアピールしたりしたが、強要はしなかった。優が成長発達し、必要性が生じ、自ら交流教育を求めるまで待ったのである。

常の学級での音楽、図工、家庭などの教科交流が必要と思ったらしく、心は決まっていたようである。決心の決め手は、必要性はもちろんであるが、それ以上に障害児学級の学習とその中で成長した自分に自信が持てたからではないかと思う。

保護者も集う「卒業を祝う会」で優は、6年間の成長の証として、「牛乳調べ隊」の学習を発表した。バターの作り方の実演と「牛乳調べ隊」で製作した学習パネルを使った発表は見事なものだった。その姿は、「障害児学級の勉強は通常の学級のそれとは違うけど、ボクはたくさんのことを学び、成長した。成長した自分に自信が持てるようになった」といっているように、私は感じられた。

7　実践で大切にしていること

最後に、私が実践で大切にしていることを述べる。

①「楽しくなければ学校じゃない」を基本にする。
②子どもたちの生活を耕し豊かにしていくことで、生活のなかに喜びをつくる。
③子どもたちの毎日の生活を輝かせる文化との出会いを、ゆたかに系統的に組織する。
④だれもが「みたがり、しりたがり、やりたがり」の芽をもっている。それを見つけ、大切に育て、花咲かせたい。

⑤しかし、子どもには一人一人、その子ども特有の入り口（学習の課題への参加の糸口）があり、それを子どもとともに見つけ出す努力が必要である。

⑥そのためには、「子どもの声を聴く」こと。表に発せられない思いやねがいを含め子ども総体から発信されるものすべてを受け止めることが必要である。

おわりに

本書は、発達保障の基本的な考え方を多くの人に知ってもらうために、わかりやすく、しかも本質をしっかりと把握できるものとして企画されました。

発達保障の理念が形成される1960年代まで、障害のある人々の最低限の文化的生活をする権利、教育を受ける権利、働く権利はほとんど顧みられていませんでした。重度の障害児・者は「教育不可能」として学校教育から排除され、軽度の障害児・者も将来の安価な労働力として「社会のお荷物にならない」ための適応主義的、訓練主義的な教育がなされていました。1960年代の前後はまた、高度経済成長のひずみによる様々な「発達侵害」が深刻化する時代でもありました。

発達保障の思想・理念は、こうした時代状況に真っ向から対峙し、その後の権利としての教育や福祉の理論と実践を構築してきました。今では障害者分野に限らず、ひろくこのことばが使われるようになってきています。

しかし、新自由主義と新保守主義が席巻する時代になり、改めて「発達」や「発達保障」とは何か問われているといえます。社会に支えられる人から社会を支える人へという、一見もっともな標語は、規制緩和と公的責任の縮小、市場原理と自己責任の論理に支配されるなら、障害者の自己実現や尊厳の尊重には決してつながらず、「社会のお荷物にならない」という半世紀前の権利侵害のイデオロギーを粉飾して復活させることになってしまうでしょう。

そうなると、発達も、権利として「保障」するというよりは、周りに迷惑をかけず、可能な範囲で労働力として経済市場に参加するための知識や態度を習得することに矮小化されてしまいます。本人の憧れ、葛藤など、内面的な発達要求は無視され、諸能力・機能がばらばらに評価されて、諸能力の伸張と周囲への順応に向けた短期的な数値目標の達成がPDCAサイクルで実施評価される、まさに全人格的な発達の保障とはかけ離れたものになってしまいそうです。またその反発・批判から、発達そのものを能力主義や差別に荷担するものとして軽視、否定する論調も生むことになります。

社会の隅々で構造改革が推進される今、この傾向はグローバリゼーションの流れの中で世界的にも広がっているように思われます。

しかし、国際的にはこの間、もう一つの大きな流れがあることを忘れてはなりません。それは国際人権規約（１９６６年）から各種の差別撤廃条約、子どもの権利条約（１９８９年）などを経て障害者権利条約（２００６年）に結実する人権保障の理念であり、そのなかで着実に醸成されてきた〝ディベロプメント〟（発達、発展、～づくり）の概念です。

ユネスコ「発展への権利の宣言」（１９８６年）では、その前文で「発展（development）とは、人民全体及びすべての個人が、発展とそれがもたらす諸利益の公正な分配に、積極的かつ自由に、また有意義に参加することを基礎として、彼らの福祉（well-being）の絶えざる増進をめざす包括的な経済的、社会的、文化的及び経済的過程」であるとされています。さらに第1条で、「発展への権利」とは「人権および基本的自由が完全に実現されるような経済的、社会的、文化的、及び政治的発展に参加し、貢献し並びにこれを享受する権利」であり、第2条で「人間個人が、発展の中心的な主体であり、発展への権利の積極的な参加者および受益者となるべきである」とされています。

その後、国連はディベロプメント計画（政府訳は「開発計画」）を展開する中で、「ヒューマン・ディベロプメント」の概念を練り上げていきます。

「ヒューマン・ディベロプメント」（human development：政府訳は「人間開発」）の概念は社会の豊かさや進歩を測るのに、経済指標だけでなく、これまで数字として現れなかった側面も考慮に入れようとして生まれました。「人間が自らの意思に基づいて自分の人生の選択と機会の幅を拡大させること」をディベロプメントの目的とし、そのためには「健康で長生きすること」「知的欲求が満たされること」「一定水準の生活に必要な経済手段が確保できること」をはじめ、人間にとって本質的な選択肢を増やしていくことが必要だとしています。（UNDP「人間開発ってなに？」2003年より）

ここには、発達の個人の系と集団・社会の系（第2章参照）を統一的に捉える視点、ならびに「自立と社会参加」の目指すべき基本的方向が示されています。それは、できるだけ他者や社会の世話にならず就労を通して社会に参加するという狭い意味ではありません。すべての人が、社会の持続可能な発展に自由かつ主体的に参加・貢献しその成果を享受する権利を有しています。その権利を行使するために、単に諸能力や心身機能の向上にとどまらず、価値ある生を選択する自由（ケイパビリティ：第1章参照）を拡大することこそが発達の本質であり、その発達を社会的諸条件の整備を含め、教育や福祉の実践を通して平等に保障していくことが発達保障の取り組みなのだといえます。

こうしてみれば、発達保障の理念は国際的な人権保障やヒューマン・ディベロプメントの思想と立脚点が同じであり、インクルーシブな社会の実現に向けて、今後さらに国内外でその流れを牽引していく役割を担っていかなければなりません。

発達保障はまた、平和・安全、自由・平等で民主的な社会のもとでこそ実現されるものです。福島原発事故は、地球と人類の最大の敵である核兵器と同じ放射能汚染と被曝の被害をもたらし、現在なお、障害者とその家族を含む多くの人の安全・安心な生活を奪い、豊かな成長・発達のための遊び場や学校を多くの子どもたちから取り上げてしまっています。にもかかわらず、情報の隠蔽・操作が続けられ、果てには大飯原発は再稼働されました。そしてそれに呼応するかのような「社会保障と税の一体改革」による大増税、ＴＰＰ交渉への参加、欺瞞に満ちた障害者総合支援法、さらに強化される競争・管理的学力向上政策といった国民の願いに背を向けた施策が、次々と強行されようとしています。このような中で、「平和、人権、発達」を三位一体で前進させることは、まさに喫緊の課題なのです。

新自由主義と新保守主義がもたらす戦争・紛争、差別・排除、貧困・格差、環境・健康破壊など、人間社会の持続可能な発展を阻み破壊する理不尽な力への対抗軸として、21世紀の発達保障の理論と実践を、多くの人とともに、さらに大きく発展させていきたいと思います。

２０１２年８月　全国障害者問題研究会全国委員長　　荒川　　智

執筆者紹介

丸山 啓史（まるやま　けいし）
1980年生まれ、京都教育大学講師、全国障害者問題研究会常任全国委員

河合 隆平（かわい　りゅうへい）
1978年生まれ、金沢大学人間社会研究域准教授、全国障害者問題研究会常任全国委員

品川 文雄（しながわ　ふみお）
1949年生まれ、NPO法人発達保障研究センター理事長、全国障害者問題研究会前委員長

本書をお買い上げいただいた方で、視覚障害等により活字を読むことが困難な方のために、テキストデータを準備しています。ご希望の方は、全国障害者問題研究会出版部まで、お問い合わせください。

発達保障ってなに？

2012年 8 月15日　第 1 版第 1 刷発行
2018年11月25日　　　　第 9 刷発行

著　者－丸山啓史・河合隆平・品川文雄
発行所－全国障害者問題研究会出版部
〒169-0051 東京都新宿区西早稲田2-15-10 西早稲田関口ビル４F
TEL.03-5285-2601　FAX.03-5285-2603　http://www.nginet.or.jp
印刷所－モリモト印刷株式会社　　　編集－薗部英夫

ISBN978-4-88134-085-1